国家出版基金项目
NATIONAL PUBLICATION FOUNDATION

U0889173

“十三五”国家重点出版物出版规划项目

国家出版基金项目

云南省西南边疆民族文化传承传播与产业化协同创新中心建设项目

云南省社会科学普及规划项目

美联基金项目

国家出版基金项目
NATIONAL PUBLICATION FOUNDATION

非物质文化遗产的田野图像

云南大学西南边疆少数民族研究中心◎编
何　明◎主编

北班榜村的瓦猫

马　佳／著

云南出版集团
云南美术出版社

为精神家园守夜

"非物质文化遗产的田野图像"序言

何明

非物质文化遗产积淀着人类的历史记忆，表征着丰富的文化多样性，构建着文化认同的精神家园。而"全球化"(globalization)的迅速推进，把或隐或显的带有西方思想观念和价值体系的"现代性"商品、图像、技术、知识和思想在全球范围迅速扩散，悄然而迅速地吞噬与置换着民族性和地域性的生活方式和非物质文化遗产，西方化的同质性"世界图景"越来越明显而强烈地凸现出来，多样性的文化及其非物质文化遗产面临着生死存亡的危机与考验！

联合国教科文组织2003年10月17日在法国巴黎召开的第三十二届会议正式通过的《保护非物质文化遗产公约》，在"总则"第一条第一款对"非物质文化遗产"的定义是："指被各群体、团体、有时为个人视为其文化遗产的各种实践、表演、表现形式、知识和技能及其有关的工具、实物、工艺品和文化场所。"

民众在行动，演绎出一幕又一幕可歌可泣的非物质文化遗产传承保护的大戏；国家在行动，推出一个又一个保护非物质文化遗产的法律法规；知识界在行动，非物质文化遗产的调查研究成为不同学科共同关注的焦点。作为以人类文化及其多样性为研究对象的学科，民族学和人类学责无旁贷地担当起调查研究非物质文化遗产的主力军和保护传承非物质文化遗产的"守夜人"。

法国艺术大师罗丹曾说："世界上不是缺少美，而是缺少发现。"长期穿行于山林田野之间并驻留于"他者"之中的人类学家和民族学家，以其特有的学科敏锐性不断地发现鲜为世人所知的文化事项和非物质文化遗产，并亲临现场进行细致的参与观察，以撰写民族志的方式表述出来，使之成为“凝视”的焦点。“凝视”的后效在于：唤起文化持有者的文化自觉，以自己存有非物质文化遗产而感到自豪，倍加珍惜与主动传承；拓展其他社会或群体的文化视野，产生文化震撼，尊重异文化，并转化为支持各类非物质文化遗产保护的行动。

作为表征文化的符号系统，非物质文化遗产蕴含着深邃复杂的意义。若不做深入细致的阐释，人们难以理解其意义，也就无从感知与把握。“人类学写作本身就是阐释”。本套书系的作者们在对各项非物质文化遗产进行过程性和细节性描述的同时，也进行了一定程度的意义阐释，以期增进对非物质文化遗产的理解，进而推动保护实践的广泛有效展开。

以上便是本套书系编写的基本目的，也是表述方式选择的根本依据。

在文化多样性不断遭受现代性侵袭的时代，非物质文化遗产这一精神家园需要“守夜人”。我们愿意勉力为之！

克利福德·格尔兹：《文化的解释》，纳日碧力戈等译，第17页，上海人民出版社1999年版。

目录

一

传统工艺的价值与云南瓦猫

伴随着社会转型与现代化的冲击，根植于乡土社会和自给自足农耕经济之中的传统手工艺渐渐从我们身边逝去，随之消失的还有我们诸多的传统观念、人与物的互动方式、生命与自然的和谐思想……而这些恰是我们民族的文化之根与文化精髓。日本民艺学者柳宗悦曾认为："工艺文化有可能是被丢掉的正统文化，原因就是离开了工艺就没有我们的生活。可以说，只有工艺的存在我们才能生活。从早到晚，或工作或休息。我们身着衣物而感到温暖，依靠成套的器物来安排饮食，备置家具、器皿来丰富生活。如同影子离不开物体那样，人们的衣、食、住也离不开工艺品……因此，如果工艺是贫弱的，生活也将随之空虚……如果工艺的文化不繁荣，整个儿的文化便失去了基础文化。因为文化首先必须是生活文化。"

[日]柳宗悦著，徐艺乙译:《工艺文化》，北京：中国轻工业出版社，1991年版，6页。

在中国古代，"工艺"是指营建造物的手工艺，是一门技艺。随着人类社会的发展，"工艺"的范畴随之扩大。概而言之，工艺可指人类的造物行为过程，造物结果。国内学者认为"传统工艺属于人类创造的物质文化范畴，又关涉到人类社会各社群组织的日常器用、宗教仪式、社群关系、文化象征等，实为观察各群体内部文化构成及运

照壁上的瓦猫

作机制和功能的一个外显的、易于观察的层面。”日本和韩国的学者把工艺视为“造型艺术”，认为在研究工艺的过程中，除注重“制造出的物的本身”即有形文化外，造型的构思、材料的选择、工具及其使用方法、精湛的技艺、制作过程、成品的用途及象征意义等无形文化更有价值。从对工艺只限制于外观、材料、制作等浅层面的研究扩展到探寻其符号意义、文化内涵，这是一个逐渐深入的过程。这样的过程提示人们：工艺不仅仅是器物的发明制作，它们还是民族社会文化的表征。无论是无形的技艺还是有形的物质外壳都是人类的一份宝贵文化遗产。

黄泽：《云南少数民族传统工艺研究的几个问题》，载《民族艺术研究》，2003 年第 6 期。

张建世、杨正文、杨嘉铭：《西南少数民族民间工艺文化资源保护研究》，成都：四川出版集团、四川民族出版社，2005 年版，3 页。

云南瓦猫在 20 世纪 80 年代初，因其造型艺术的鲜明特征，首先受到艺术家们的青睐。1987 年，在北京举办的第一届中国艺术节上，瓦猫首次以工艺美术品身份亮相，走入了人们的视野。实际上，瓦猫是云南一些地区，如昆明（官渡、呈贡、宜良）、玉溪、曲靖、楚雄、大理、丽江等地的汉、彝、白等民族安放于屋脊和飞檐上的器物，制作材料多为石头和泥土两类，其功能为镇宅、辟邪。每个地理区域内，无论是瓦猫的制作材料、制作方法、造型特点、使用功能上都存在着或多或少的差异。例如，在昆明石林的部分彝族村落中，如月湖、大糯黑、北大村等地，人们把放置于房屋飞檐上的石制的类似于虎形的器物，称为“石虎”或是“石猫猫”；大理白族直接从镇宅器物功能出发，把放于照壁和屋脊正中，用砖瓦泥捏制而成的瓦猫称为“辟邪”；丽江纳西族把瓦猫称为“瓦猫”或是“四不像”。在大理鹤庆，汉族与白族普遍称用瓦泥手工捏塑而成，安放于屋脊正中之上，底座是筒瓦，底座上方是虎形物的器物为“瓦猫”，也称为“降脊虎”。

民间把瓦猫视为一种镇宅物来使用，凸现其“镇宅辟邪”的功能。自古以来，中国人把居所看作人之根本，正如《宅经》中说：“宅者，人之本。”“人因宅而立，宅因人而存。”《释名》云：宅，择也，言择吉处而营之也。对住房建筑程序和周边环境的关注，表现出中国人对居住环境进行认识、选择和处理的一种学问——“风水”。所谓风水，其实质和核心内容是探求天象、山川、建筑与人类生存发展的协调关系与最佳状态。李亦园先生分析中国文化的文法，即在若干文

蒋贞：《云南瓦猫的造型艺术》，载龙东林、谢沫华主编：《东亚民族造型文化——中韩民族造型文化国际学术研讨会论文集》，昆明，云南科技出版社，2002年8月第1版，第159页。

杨兆麟：《原始物象——村寨的守护和祈愿》，昆明，云南教育出版社，2000年11月第1版，第336页。

屋脊上的瓦猫

1. 呈贡县彝族执《八卦图》的瓦猫

2. 呈贡县汉族瓦猫

3. 白族瓦猫

4. 宜良县汉族上釉瓦猫

5. 文山州壮族上釉瓦猫

6. 昆明龙头街小窑村汉族上釉瓦猫

注：1、4、5 图引用自《云南民族博物馆》P37，起庆国策划，张云岭等编著。
2 图引用自《云南民族博物馆藏品》云南美术出版社。

化层面后面的深层的东西，他指出“致中和”（整体的均衡与和谐）就是贯穿于中国文化中的文法，他进一步把“致中和”分为三方面：一是自然系统（天）的和谐，又分别表现在时间和谐与空间和谐，追求时间的和谐就是所谓的算命、占卜，而追求空间的和谐就是讲风水；第二是有机体系统（人）的和谐；第三是人际关系（社会）的和谐。如此，风水是人们追求与空间和谐的一种表现，是人文精神在空间中的合理布局。当住宅出现了种种与自然不和谐之处时，如宅门对湖面、宅门对山凹、宅门正对他宅的门或是他宅的屋角却不能搬迁时，屋主便会请风水先生帮助。人们认为长期在这样的住宅中居住，人会被疾病、灾难所侵扰。此时，风水先生会用各种镇宅方术，如挂符帖、种植树木、修筑屏风、摆放开光灵物等方法来克制住宅中已经威胁到人们居家生活的不和谐之处。常用镇宅之物，有“镇宅石”“镇宅兽”“屋脊兽”“镇脊兽”等，可谓称呼多样，形制各异，功能亦有所不同。

李亦园：《田野图像——我的人类学研究生涯》，济南，山东书画出版社，1999 年 5 月第 1 版，第 88 页。

杨兆麟学者认为“民间（尤其是云南民间）有‘猫即是虎，虎即是猫’的观念”“用瓦猫镇宅，实际是中华民族虎崇拜的延续”。在中国传统文化中有猫虎同源之说，大猫就是指老虎。《周书》记“（周）武王之狩，禽（擒）虎二十有二，猫二，则是虎之类”。此不仅是说周武王擒了二十四只野老虎和山猫，而且也说明了老虎和山猫是同类。这也符合现代动物学中猫虎都统属于猫科动物一说。在古代中国，因虎之凶猛及神圣，所以常用其他称呼来代之，比如：大虫、兽王、猫、大猫、长爪子、老头、山神老爷等。所以以猫代虎有历史依据和文化传统。猫的名称一说来源于猫的叫声，二说是因为猫吃田中的老鼠，保护禾苗，猫字从“苗”。宋代陆佃《埤雅》中说：“鼠善害苗，而猫能捕鼠，去苗之害，故猫之字从苗。诗曰：有猫有虎，猫食田鼠，虎食田彘。故诗以韩奕而记曰：迎猫为其食田鼠也，迎虎为其食豕也。”中国古代岁终有庆祝丰收答谢神祇的祭祀，即称为腊祭，所祭之神有

杨兆麟：《原始物象——村寨的守护和祈愿》，云南教育出版社，2000 年 11 月，340~341 页。

西周以前的猫并不是指现在的家猫，而是指体型大、性情猛的野猫。

参见汪玢玲：《中国虎文化》，中华书局，2007 年 6 月，第 210 页。

王永胜主编：《猫》，农业出版社，1992 年 5 月，第 20 页。

八位，其中第五位为虎猫，即猫神和虎神，因为猫吃田中鼠，而虎吃田中的野猪。对农耕民族来说，两者都具有保护庄稼的作用。

“女娲是龙，伏羲是虎，一阴一阳，始盛万物”，这是中华民族龙虎崇拜之源。对于华夏民族而言，虎崇拜早在6400年前的仰韶文化时期中就已表现出来了。在河南省濮阳市西水坡原始墓群中，发现了用贝壳堆塑的龙虎图案，且龙虎图案居于墓主的左右两侧，已经显现出了龙虎作为星座的惯例。《后汉书·礼仪志》云：“虎者阳物，百兽之长……”《风俗通义·祀典》载：“虎者，阳物，百兽之长，能执博挫锐，噬食鬼魅。”汉唐画虎于门，以镇妖孽。此外，在中国

转引自杨兆麟：《原始物象——村寨的守护和祈愿》，云南教育出版社，2000年11月，第340页。

参见曹振峰：《神虎镇邪》，社会科学文献出版社，1998年11月，9~11页。

沈利华、钱玉莲：《中国吉祥文化》，内蒙古出版社，2005年6月，第217页。

鹤庆瓦猫

古代，最早用于镇宅的门神是神荼和郁垒，唐代后演变成秦琼和尉迟恭。门神是负责捉鬼的，而消灭鬼的任务则交给了老虎，即由两位门神将鬼“执以饲虎”。从古代开始，虎形物就作为辟邪之物（驱除鬼怪、煞气、邪气）。彝族、白族以虎为图腾的历史与现状，成为解释该民族制作使用瓦猫的一个有力证据。吴松懿学者在《云南民间瓦猫》一文中也有类似的观点。她认为“瓦猫的原形是虎”，“虎是（中华民族）古羌部族的一种图腾，汉族、白族、彝族均为古羌戎部族”，因此虎崇拜遗迹仍可从这些民族的生活与宗教信仰中看到，“瓦猫，至今仍保留在汉族、彝族、白族等民族之中，且变得更世俗化，更贴近日常生活”。

徐政芸、邢毅：《驱疫逐邪的神怪——云南瓦猫》，载《收藏》，2007年，3期，第20页。

参见吴松懿：《云南民间瓦猫》，载《民族学与博物馆学》，云南民族出版社，1996年9月，409~410页。

二

来自文本：北班榜村瓦猫的工艺及阐述

（一）北班榜村的概况

北班榜村为云南省大理白族自治州鹤庆县金墩乡赵屯村村委会管辖之下的一个自然村，地处金墩乡坝区赵屯行政村西北边，海拔2220米，年平均气温13.10℃，年降水量966.40毫米。班榜村古名为搬拨（划船）村，相传因村民善于划船而得名，后按谐音改为北班榜村，含高中皇榜、多出人才意，本村在北，得名北班榜。

鹤庆县人民政府编：《云南省鹤庆县地名志》（内部发行），1987年12月，第41页。

全村由第5组和第11组两个村民小组组成，共127户农户，人口537人，其中从事第一产业人数210人。村民以汉族为主体，白族80人（主要包括从附近和邑、迎邑等以白族居民为主的村中，上门的女婿和嫁于此地的白族妇女）。

此数据由赵屯村委会提供。

在鹤庆常听到一种说法："逢屯必汉"，即是说，在鹤庆坝子里的村庄，但凡在名字上带有"屯"字，如上潘屯、武官屯、田屯、彭屯、辛屯、赵屯等村，其居民为汉族。世居于鹤庆的民族为白族，汉族是从外地迁移而来。历史上，汉族大致分三个历史时期（汉晋时期、南诏大理国时期、明清时期）迁徙到云南，尤其在明清两代，中原汉族以军屯、民屯和商屯的形式大量进入到云南各地定居。

苍铭：《云南民族迁徙文化研究》，云南民族出版社，1997年3月，52~62页。

明洪武十五年（1382年），征南将军永昌侯蓝玉、右副将军西平侯沐英进兵大理，段氏总管就擒，又"分兵取鹤庆、略丽江"……于是军屯、民屯开始。

李森：《鹤庆风物志》，云南民族出版社，2004年9月，第101页。

据此可知，鹤庆县汉族村落的形成多为中央王朝的"军屯"和"民屯"所致。赵屯村的形成为"军屯"所致。据赵屯后裔墓志记载："……先世系出天水，明末随师入云南落籍鹤庆赵屯街至明末宗支繁衍随庄分住而军营之称所由著也……"

赵屯村老年人协会主编：《赵屯春秋》（内部资料），2009年1月，第12页。

北班榜村的国土面积为2.23平方千米，其中耕地面积为345.73亩（其中：水田323.03亩，旱地22.70亩），人均耕地面积0.65亩。以种植水稻、大麦、苞谷、蚕豆等农作物为主要生产方式，兼养猪、养羊等畜牧业。除此之外，村中的年轻男性多外出到大理下关、香格里拉、维西等地打工，主要从事餐饮服务、汽车维修、建材销售、手工艺品销售等工作。中年男性多在家中务农，农闲时节常在附近（映红桥等地）的砖瓦窑上打工（挖掘砖瓦泥、运输砖瓦泥和煤炭、制砖、做瓦、做勾头、装窑、出窑等）。村中的女性多数在家中务农，农闲时常在窑上从事搬运砖瓦、做饭等临时工作。老年妇女，在家操持家务，照顾孙男孙女，饲养牲口。因为相比周边的村庄，北班榜村更靠近西山，雨季时节，村民上山拾菌子，出售给前来收购的人，也成为增加经济收入的一种方式。全村的特色产业为砖瓦业，砖瓦作为建筑材料销往本县及周边县市。据村委会资料显示，2008 年全村砖瓦业销售总收入为 8 万元左右。

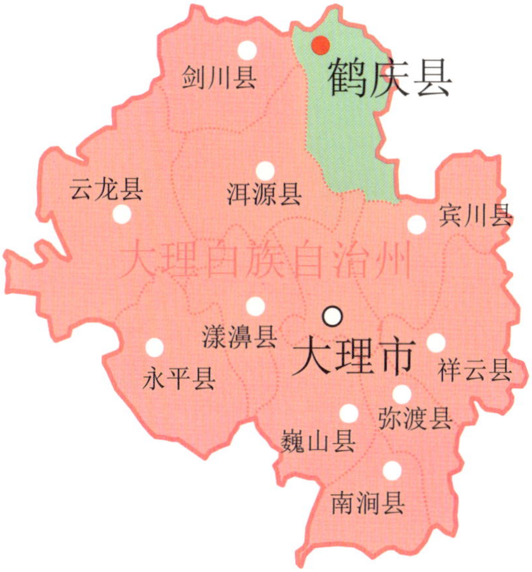

鹤庆县在大理州的位置

村子后部的房屋与大麦地

北班榜村远景 2009 年 9 月

北班榜村村民生计情况表

生计类型		从业人员	从业地点	内容	备注
种植业		210 人	北班榜村	水稻、大麦、蚕豆、玉米	
林业		4 户	北班榜村（西山）		
养殖业	养猪 养羊 养马 养蚕	2 户 1 户 4 户 15 户	北班榜村		
食品加工业	羊奶制品加工 豆腐作坊 碾米、磨面	1 户（养羊） 1 户 2 户	北班榜村	制作羊奶乳饼 制作豆腐、豆浆等 米、面、饲料	
运输业	手扶拖拉机 微型车 大型货车	5 户 3 户 1 户	北班榜村及邻近的村子（映红桥） 鹤庆县、大理、丽江、剑川 鹤庆县、大理、丽江、昆明	运送砖瓦泥、煤炭、砖瓦、沙灰等材料 客运、砖瓦等其他建筑材料 客运	从事运输业的人员均为男性。
砖瓦业	烧砖瓦 挖砖瓦泥 固定砖瓦工人 零时砖瓦工人	3 户 2 户 17 人 16—17 人不等	映红桥、夹马槽 北班榜村、瓦窑村 夹马槽砖窑、映红桥砖瓦窑 夹马槽砖窑、映红桥砖瓦窑	烧砖瓦、烧瓦猫 制作筒瓦、板瓦、勾头、装窑、出窑	从事砖瓦业的人员以男性为主，其中装窑、出窑以中年妇女为主。
建材业		1 户	夹马槽	石料加工	
商业		2 户	北班榜村	小卖部	
捏制瓦猫		4 户（8 人）	北班榜村	捏制瓦猫	

来源：马佳根据调查结果绘制，2009 年 9 月。

放马的老人

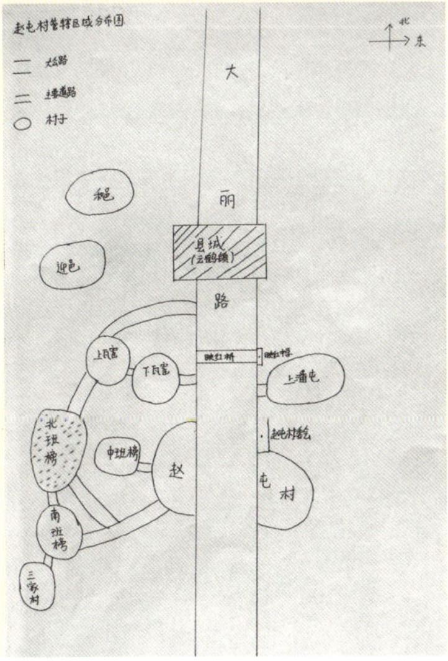

（左）北班榜村内部结构手绘图，2009 年 3 月
（右）北班榜村及周边的交通状况手绘图，2009 年 3 月

（二）瓦猫的形制及由来

瓦猫生坯头部特写

瓦猫生坯腿部造型及花纹

在村中溜达，抬头便可以看到放置在屋顶屋脊正中还有大门门楣正中或是照壁正中的好似猫形的奇特器物，那便是“瓦猫”，村民又称其为“降脊虎”。从造型上来看，它由两大部分构成：底座和底座上方的猫（虎）形物。底座用一片筒瓦或是类似筒瓦造型的泥片制成，便于安放于正脊之上。筒瓦底座上部的虎形物又由四条圆柱状四肢、倾斜 45 度左右的筒状身子和具有特点的头部三部分组成。圆筒状身子的一端安有瓦猫的头部，严格地说，仅为一个大大的圆脸，这也是鹤庆瓦猫最有特点的地方。一张张开的大嘴占据了整个头部，两只或眯或睁的眼睛紧贴于嘴的上部，眼珠上方为半圆形的眼皮，厚厚的，能遮住三分之一的眼珠，但并不是直接贴在眼珠上，而是悬空地抿接在眼珠上，俨然是一只发怒的老虎。眼睛与嘴的结合处，刻画有线条状的胡须。捏制者曾告诉我，老虎 / 猫发威时胡须是直立的，所以一定要刻上胡须，这样看上去瓦猫才“凶”。瓦猫的三角形鼻子被粘于两眼睛之间，并在鼻头处刻上两个朝天的鼻孔。两只耳朵紧贴于两只眼睛之后，两耳之间通常加有一个尖角。当地人称为牛角，令人疑惑的是如果瓦猫的原型是虎，那么哪来的“牛角”呢？另外，瓦猫每只脚的中间都有一个突出部位，形似膝盖。从整体来看，瓦猫的四肢更像是牛的四肢，粘于底座上的爪子保留了虎爪的特征。鹤庆学者认为，鹤庆瓦猫其实是“以现实中的虎为原型，根据其需要，取舍、糅合进鹰、蛇、牛等物的部分造型”。瓦猫身躯和四肢上有圆形和半圆形花纹或是用刀刻上的弧状条纹，捏制者认为此为老虎身上的铜钱花纹。

章虹宇：《强宅镇邪的瓦猫》，载《精神家园》，人民日报出版社，2007 年 3 月，第 227 页。

村中瓦猫的历史已无从考证，只能从村民口中得知“从很早以前，或是从老辈人那时起，便安瓦猫了”等诸多模糊的答案。就大的区域范围来看，整个鹤庆县各村中的瓦猫制作和使用之由来无准确历史考据，主要有两个原因：其一，像这样的生活之物，不会有人为此

各种形制的瓦猫

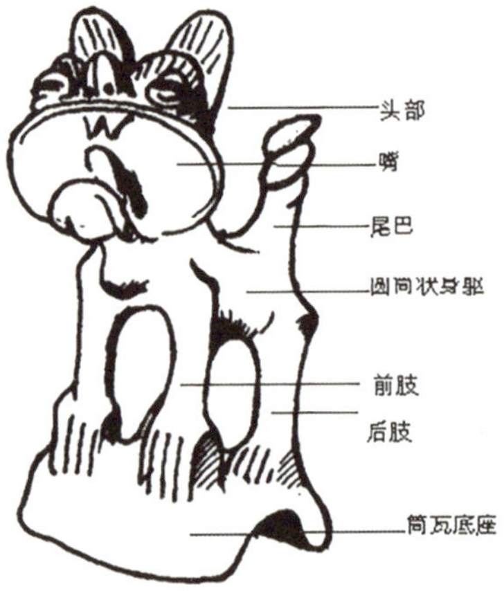

瓦猫的各部位图

参见丁安民：《我国现存最早的纪年脊兽》，载于《江汉考古》，1984 年，第 1 期。

著书立传；其二，从历史遗存物来看，没有充足的考古资料可以作为证据。类似的困境依然表现在一个大的文化区域内，即云南瓦猫的由来。学者多从功能的角度来推断瓦猫使用的年代，主要是将其归属到类似于安放在庙宇宫殿之上的脊兽一类的镇宅辟邪器物中。在中国用于镇宅的如鸱吻、龙、凤、狻猊、鱼等脊兽早在汉代就已经出现在宫廷的建筑上，据此认为民间使用瓦猫大概在汉代以后。另外，从瓦猫的制作材料——瓦泥及安放位置——屋顶的屋脊、屋檐等处，推断瓦猫的制作使用与砖瓦制作使用同期，即也在汉代及汉代以后。杨兆麟学者在著作中提到：云南一些民族什么时候开始使用瓦猫，史料难以考察，但他指出“云南少数民族沿用此俗，当或多或少地受到中原的影响”，他曾观察到河南周口一带，每家的屋角都安放有四个瓦猫头，当地流传着一个与瓦猫相关的民间

章虹宇学者认为，宫殿庙宇之上的镇宅辟邪之物不能用于民间。

故事，内容大致在于说明使用瓦猫是“为了阻挡妖魔对人的袭击，以保平安”。

参见杨兆麟：《原始物象——村寨的守护和祈愿》，云南教育出版社，2000 年 11 月，336~337 页。杨兆麟：《虎影猫形保宅安——云南民居建筑中的镇宅神兽》，载于《今日民族》，2002 年，9 期，第 40 页。

鹤庆瓦猫由两个部分组成：底座和虎形物。底座是一片筒瓦，从安放瓦猫的位置来看，底座的功能也凸现出了筒瓦的功能。瓦是中国传统建筑中的重要建材。瓦按功能分为板瓦、筒瓦、勾头等。筒瓦主要扣盖在屋顶的两行板瓦的缝隙上，使板瓦牢牢铺在屋顶之上，并有防雨水从两块板瓦缝隙处漏下的作用。村中家宅多为悬山顶的人字形屋面，屋顶最高处，为一条屋脊，铺盖屋脊最外层的材料为筒瓦。北班榜村瓦猫的一个最易被发现的功能，是村民把瓦猫安放在屋脊正中的空缺处，此处恰为一片筒瓦大小，意为用瓦猫合上屋脊之缺，称为“合龙口”。从这一点来看，忽略瓦猫底座上方的虎形物，瓦猫所起的作用就类似于一片合脊所用的筒瓦，并没有什么神秘性可言。也就

（左）文庙屋脊上的脊兽
（右）梢角头处的龙头饰物

是说真正能显示出它的意义的，为虎形之物。在此，提到筒瓦与瓦猫的联系，旨在说明一个逻辑关系，那就是有了筒瓦才有了瓦猫的底座，才有了瓦猫，而筒瓦底座一并和其他瓦类、青砖被制作于砖瓦窑上，因此，可以说，瓦猫捏制和烧制与砖瓦业存在必然的依托关系，亦可以从这样的逻辑入手来思考瓦猫制作和使用之源。

中国砖瓦生产早在战国时期就已经出现，但是到汉代时才大量生产，用于修建木结构建筑。汉代以后，中原汉文化渐传入云南，建筑的修筑方法、修筑材料、修筑式样都受到中原建筑的影响，砖瓦也被用于修建房屋。就目前考古遗物所揭示的云南有瓦的历史，最早始于南诏大理国时期。南诏时期修建的大理崇圣寺千寻塔及大理国时期修建的洱源火焰山砖塔亦都“全部用砖砌成”，在对南诏时期的几个古城遗址的发掘中，均发现了有字瓦、瓦当、滴水、鸱吻、花砖、柱基等建筑材料。这些历史遗迹足以证明当时砖瓦在云南已作为主要的建筑材料之一。元代，云南全面纳入到中央统治格局之中，与皇朝统治制度深入相伴的是从省府、州府到县府的各级城墙、城楼、公廨等建筑的大兴修建。对砖瓦材料的大量需求，必然带来了各地砖瓦业的发展。

从考古遗迹的发掘——玄化寺遗址发掘出的梵文砖和瓦片中可以看出，早在南诏、大理国时期，鹤庆的砖瓦业已经具有了一定的水平。明代嘉靖年间建筑鹤庆府城的大部分砖和瓦是在金墩乡赵屯、和邑村烧制，因此在此基础上形成了瓦窑头等村，也就造就了大批泥瓦匠人，瓦猫等民族工艺品随着砖瓦业的发展而产生，代代相传，不断完善。最初，瓦猫的捏制是当地村民、砖瓦工人或掌火师傅趁空余时间，用瓦泥捏制，并借助烧窑之便，烧制而出。所以正如砖瓦工所说的：我们每个人都会捏瓦猫，自家屋上的瓦猫便出自本人之手。

北班榜村中六七十岁的中老年男性，都曾经在赵屯大队和北班榜村生产队办的砖瓦窑上做工，干过诸如打砖、制瓦、制勾头、掌握火候等工种。由于瓦猫制作的特殊性，即它依托于砖瓦业生产，再加上瓦猫捏制没有固定的模型，全凭制作人的一双手和头脑中的关于“虎”

陈征平：《云南工业史》，云南大学出版社，2007 年 4 月，第 80 页。

陈征平：《云南工业史》，云南大学出版社，2007 年 4 月，第 117 页。

李昆生、祁庆福：《南诏史话》，文物出版社，1985 年 3 月，第 117 页。

陈征平：《云南工业史》，云南大学出版社，2007 年 4 月，第 125 页。

母红生：《鹤庆白族瓦猫》，载于《大理》，2006 年，1 期，第 24 页。

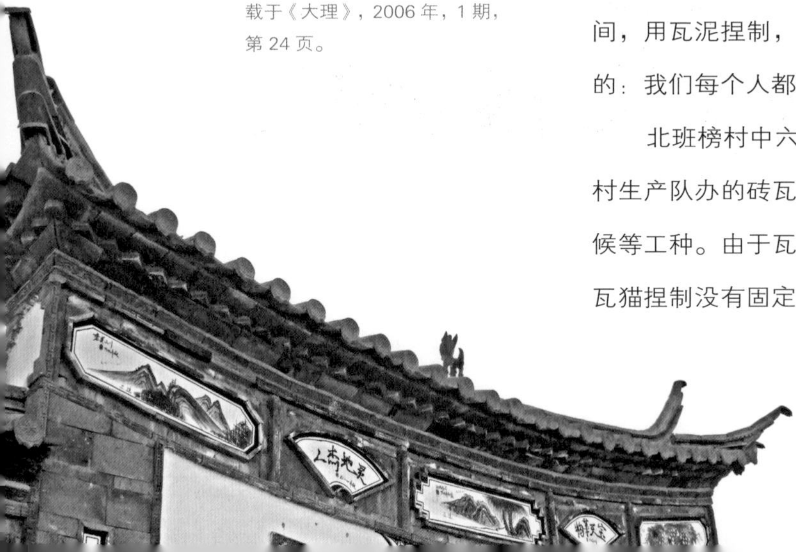

形象的抽象概念以及个人的想象力，因此，稍微有点造型才能，略有空余时间的砖瓦工人均会捏制。在这些老人眼中，捏制瓦猫不是什么难事，更不是什么技术活，只是有着捏得像与捏得不像的区别。村中的一位老砖瓦工回忆，他 30 岁时就在队上的窑上打砖，后陆续在公家的砖窑和私人的砖窑上打砖、制瓦。他说当时窑上的师傅几乎人人都会捏瓦猫，每个人捏的样子也不一样。假如你跟我是合法的（即为“好朋友”的意思），那么如果你家需要安瓦猫，来找到我，我就会利用烧火的空余时间帮你捏一个。他强调不是所有人有需要时，都为其捏制，还要看合法不合法，不是那个人，就不为其捏制。另外，如果是外面的人，他称为山里人（当地人口中的山里人是指那些不会讲汉话的彝族），在没有钱的情况下，通常是抱着一只鸡或是腊肉来换瓦猫。老砖瓦工说，他们几个师傅，把鸡杀了以后，就可以打牙祭了。当然在那个年代打牙

已荒废的砖瓦窑

窑中放置瓦猫的地方，如果不烧制瓦猫，便空着。

（左）捏制瓦猫的老砖瓦工
（中）老砖瓦工杨钻
（右）制勾头的老砖瓦工

（左）制板瓦
（右）切割筒瓦

祭是幸福的，同时也是少有的。总之，瓦猫在他们眼中不是什么稀罕物。当初瓦猫捏制完全是应村中村民建房后“合龙口”的需要，且出于亲戚和较好朋友情面的考虑，免费为其制作，并借在窑上工作之便，顺带烧砖瓦时一并烧出。由此可见，一开始，瓦猫并没有如现今这样，由专门的制作者来制作，并以实用物品或是一种工艺品的形式来出售。

即用瓦猫盖住屋顶正脊正中缺口的过程，在关于瓦猫的使用章节中将详细论述。

20 世纪 80 年代，随着农村土地制度改革，家庭联产承包责任制落实，砖瓦窑可以以个人和几个人合作的形式承包下来。北班榜村小队上的瓦窑被承包给了有经济能力与经验的人。伴随着农村经济的复苏和农民生活水平的提高，附近村子、鹤庆县城甚至更远的地方，修建房屋的数量多于 20 世纪 70 年代以前。由此砖瓦的需求也与日俱增。建房的人家增多，瓦猫这一民居构件的使用也随之增多，据捏过瓦猫的老砖瓦工回忆，那时一天能捏三四个瓦猫，也在此时，瓦猫开始作为建筑构件之一的器物被专门生产并出售。

20 世纪 80 年代大丽路改建扩宽，交通便利，使鹤庆砖瓦能销售到大理、丽江等地，购砖瓦的人有时也都会顺带买上几个瓦猫。瓦猫的需求范围超出了鹤庆之外，于是，专门的捏制者也开始从普通的砖瓦师傅中脱颖而出。当时，手艺较好的师傅，被砖瓦窑上的老板直接请到窑上为其捏制瓦猫，工钱为捏制一只瓦猫付给两三元，包早饭与午饭，如捏制者一天能捏制 10 个左右，一天下来能挣得 30 元左右，这在当时是较高的收入。但是聘请的捏制者和之前是有区别的，捏制者捏制瓦猫的手艺被视为聘请的重要指标，不是所有会捏瓦猫的人都能挣到这样一笔钱。

北班榜村中的郜金福 1983 年与现任村长一起承包了砖瓦窑，开始跟窑上的李元志师傅专业地学习捏瓦猫。据说他十七八岁时，就在窑上看到掌火师傅捏瓦猫，并且也尝试着学捏瓦猫，他凭着自己的天赋与早期的学习，加上他自己好琢磨，很快习得了瓦猫制作手艺，并改变了原来传统老瓦猫的造型，村里和邻近村中的人都喜欢找他做瓦猫。除郜金福外，现在北班榜村中以捏制瓦猫为主要生计的人另有 8 人，其中 3 位都曾在砖瓦窑上做过工，有的曾是村里北河湾砖窑的承包者之一。20 世纪 80 年代中晚期，伴随着滇西北地区旅游业的兴盛，民族民间工艺美术制品在旅游市场中占有一席之地，加之民艺潮流的兴起和繁荣，瓦猫开始作为工艺品出售。捏制瓦猫带来了可观的经济

（左）制勾头的李元志师傅
（右）李元志师傅捏制的瓦猫

收入，专门从事瓦猫制作的艺人们也由此而诞生。1988 年，在条件允许之下，郜金福开始在家中专门从事瓦猫捏制，然后把瓦猫生坯卖给砖瓦窑窑主，由窑上烧制和出售。2000 年，郜金福开始销售自己捏制的瓦猫，并在小教场开了自己的店铺，方便其他村的村民和外来游客购买。

（三）瓦猫的制作

在村中，瓦猫的制作区别于那些由一个人从头至尾把握着工艺制作程序的手工艺。从制作瓦猫的原材料瓦泥的获取、运输、加工、踩制，到捏制瓦猫泥坯，再到烧制瓦猫，每一个环节由不同的人担任。

1. 获取瓦泥

捏制瓦猫所用原料是从村中和附近村中田地里或西山脚下挖掘出来的优质瓦泥。鹤庆北班榜村与迎邑村之间的“南弓诏”（南河湾）有优质瓦泥，面积达千亩以上。明代嘉靖年间，建造鹤庆府城时，大部分城砖和用瓦均在这里烧制，由此形成了瓦窑头和上瓦窑、下瓦窑（合为瓦窑村）等地名。而今，瓦泥资源逐年减少，瓦泥的质量越来越“害”（当地人的话，意思为差、不好），邻近村的村民便改到西

张了、王宏志：《鹤庆瓦猫发展小考》，载于《鹤庆》，2006 年，4 期，第 41 页。

山脚下取砖瓦泥。

挖掘、运输和加工瓦泥并不是由捏制者本人承担，而是由村中和邻近村，如瓦窑村、迎邑村及和邑村中的村民挖掘后卖到附近的砖瓦窑上（映红桥边的砖瓦窑上），由窑主们自行加工成瓦泥，捏制瓦猫的人再购买回家。现在有这样一个情况出现：瓦猫捏制者本人因为不太满意窑主提供的瓦泥，自行购买瓦泥。瓦泥如因为机器碾压的程度不够，会导致黏度不够、太干，或是太湿或是最常见的瓦泥含沙石太多，这也可能是窑上并没有很好地把瓦泥和砖泥区分开的原因所致(砖瓦泥价格不一，瓦泥高出砖泥 20~30 元不等）。如果捏制瓦猫的瓦泥含有较多的石子，那么会带来这么几个后果：一是影响到捏制者的成品数量，因为他得花去大量的时间清理出夹杂在瓦泥中的石子，那么固定时间内捏制的瓦猫数量就会减少，瓦猫成本自然会增加；其二，有时为了赶工，只片面地追求瓦猫数量，挤出石子这类麻烦事，就被捏制者省去，直接导致瓦猫在烧制过程中炸裂。后者直接的受害者往往不是瓦猫捏制者本人，而是窑主。因为窑主是按瓦猫生坯数量来付价钱的，也就是还没有烧制好以前，瓦猫生坯是按个数卖给窑主，那么烧制出来的捏制品带来的损失就由窑主承担。当然这种情况仅针对那些只是买瓦泥捏制瓦猫，而后出售初级成品，即瓦猫生坯的捏制者

（从左至右，跨页）
北班榜村后大洋路边一取砖泥处
挖砖泥
踩泥
加工瓦泥的圆形泥塘
踩好并打压成型的泥坯
瓦泥中需有一定比例的沙土

映红桥边的优质瓦泥

而言。针对专业的瓦猫捏制者，他们仅付给窑主烧火费，瓦猫由自己负责出售，那么损失就直接由他本人承担。

村民取砖瓦泥的活儿一般集中在农闲时间，并错开雨季，常为冬腊月间、3 月和 4 月。挖土的程序是先把最上层的熟土，即庄稼生长的肥力来源层挖到一边，因为这一层，是要在取土结束后，即此处的砖瓦泥取完后，再回填上去，那么此家人依然可以继续在土地上种植庄稼。据挖土人和土地主人介绍，这样取土并不会影响以后庄稼生长，有些人家的土地尤其是在西山脚下的土地，高出地面(普通田地)太多，造成缺水的状况，取土后，再把熟土盖上，缺水和排水困难就可以得到解决，因此从某种意义上来说，把地租给他人用于取土是件一举两得的事。熟土以下略显黄色的带有较多沙石的土，为较次些的砖土，而含沙石少些的，为较好的砖土，当然因为这两者之间没有太多的区别，统统被归为砖土类别中，视其好坏，现在以 40 元或 50 元一车的价格卖到窑上。砖土下层，含沙石量少、略泛白色、有黏性的那部分土壤就为瓦泥，也就是捏瓦猫用的原料，其价格大概在每车 60 元

当地的农村村民常用一种载重为 3 吨左右的农用拖拉机拉砖瓦泥。

或 70 元，比较好的瓦泥或者专门为瓦猫捏制者预定的瓦泥能卖到 80 元一车。以一个家庭为单位的挖土、取土，外加运输的工作并没有配备什么机械设备，而仅依靠着人力，靠人用锄头和铲子挖，然后用簸箕装抬倒入车里，或是直接挖土倒入车里，然后开车把土送到窑上即可。待挖土工作结束后，挖土人需把熟土回填到地表。

对村民来说，因为砖瓦窑的存在，取土和运土到窑上也成为利用农闲时节进行的副业劳作。北班榜村中的张和她的丈夫陈，从去年开始，租别人家的地来取砖瓦泥，取土的具体位置在西山脚下，约为一亩，付给土地主人每年约为 2000 元。除两人外，还雇了一个小工帮忙，包吃住，每天付给其 40 元的工钱。张本人主要负责挖土、做饭、烧水等杂活，她的丈夫陈主要负责挖土和用农用拖拉机拉土卖到砖窑上。一天下来，能挖土五六车，一车砖土卖价为 40 元，如果是下层的瓦泥视其好坏价格为 60 元或是 80 元一车，那么扣去车油费（以 50 元一天来计算）和车的磨损费及小工工钱 40 元，每天能挣 150 元左右，算下来他家两人每人为七八十的日收入。她家中有三四亩土地，种地的收入只能够日常消费，没有剩余，其他开支从挖泥等副业中获取。

瓦泥拉到窑上后，倒入砖窑上专门堆放瓦泥的圆形人工泥塘中，一般一个泥塘可装瓦泥十七八吨（载重三吨或三吨半的农用车，拉五六车即可装一塘）。随后加入水，再用手扶拖拉机进行碾压。现在加工一塘瓦泥，需用去一天时间。过去窑上用水牛踩踏泥巴，一塘泥巴需要两条水牛踩上两天时间。而今，只有南班榜村中还有一家人使用水牛踩泥。窑主们认为用机器踩泥提高了效益，节约了成本，而瓦猫的捏制者们认为牛踩的泥巴比较有黏性，利于成型。

瓦猫捏制者一般一次从窑上购买半年或是一年所需的瓦泥量。视生产数量不同，不同的捏制者一年的需求量不同。比如郜金福，据他本人说，一年需要瓦泥三十吨左右，而郜树生一年需用泥十七八吨，这亦是他们初步估计出的一个用量。一次性购买瓦泥而后堆放于家中的保存方式，不仅摆脱随时买泥的情况，而且有一个好处，刚踩好的瓦泥水分较多，还比较软，捏制瓦猫时，容易粘在手上，而且不利于瓦猫成型；相反，如果是放置了一段时间的瓦泥，待水分略有蒸发后，泥质均匀，比较容易捏制，易成型。瓦泥买回后，便被堆放在家中庭院的阴凉处，用塑料布遮盖，再用草席遮盖，定期洒水，防止泥土干裂和硬化。捏制者按照每天制作瓦猫的数量来割取泥量，这亦是一种经验。

拥有 3 座砖瓦窑的李师傅曾告诉我，如果他们（指窑主）因为经济的原因（烧窑再也挣不到钱）或是政策的原因，例如不让烧这种老式土窑的时候，（他说土窑污染很大，政府将把其取缔），他们（代指瓦猫的捏制者们）也将捏不出瓦猫，因为捏瓦猫的瓦泥，就现在的一个情况来看，依然必须从他们的窑上购买，不排除像部金福那样自己购瓦泥，但加工瓦泥这个环节无论如何都离不开瓦窑上的踩泥机器。他们不可能自己买一台机器或是养一头牛来加工瓦泥，就目前他们几家（指捏瓦猫的人）的规模来看，成本可能增多，就现在而言，这是他们不能承担的。李师傅的话虽显得有点偏激，但是，从中可以知道，瓦猫捏制所需的原材料与砖瓦业发展之间存在着紧密关系，砖瓦业的存在和发展为瓦猫的捏制提供了原材料。

2. 手塑成型

瓦猫的捏制全凭捏制者的双手，为传统陶艺中的手捏成型术，借用很少的工具，只有用于切割土的弓、刻花纹的小刀、大小笔筒等。至于捏制的式样，已经模式化并深深地刻印在捏制者头脑中。无论是早期的砖瓦工还是之后的瓦猫艺人，尽管个人的捏制手法不同，但在各自的式样中，都模糊着一个“虎形”轮廓。观察捏制者捏制方式，在细节上有差异，但也可总结出捏制瓦猫大致有几个步骤。

第一步，制作类似于筒瓦外形的底座、圆筒状身子和圆柱状的四肢。制作者从堆放瓦泥处取定量瓦泥，拍打均匀后，堆放成立方体状，然后用小弓横切立方体，切割成厚度适中、均匀的方形片状。一立方体瓦泥能切分成四五个方形泥片。随后，根据积累的经验，制作人再用小刀把方形泥片修整成尺寸固定的泥片（普通瓦猫底座长 15 厘米、宽 9 厘米左右），然后用手捏成筒瓦状的圆拱形。如果已经计划第二天捏制多少个瓦猫，那么当天下午，在结束瓦猫制作后，就要把筒瓦底座制作出来，晾上一晚，使底座变硬，能承受住黏结瓦猫四肢及身子的重量。更确切地说，底座类似于地基，整个瓦猫的造型都是在此基础上进行，所以有硬度上的要求。

接着，用类似于做底座的方法把切割好的长方形泥片制作成一端有底的圆筒状物，这就是瓦猫的身子，制作底座和身子通常处于同一步骤中。通常，圆筒状的身子，无底的一端需要用塑料布包裹住，以防止硬化，因为这一端口是连接瓦猫头部的地方。待底座和身子做好后，制作人取一团瓦泥，将瓦泥揉捏成圆柱形的条状泥条，然后用小刀按固定尺寸切割成短的小圆柱，此为瓦猫的前、后腿，一只瓦猫共有四条腿，后腿只有前腿的 2/3 长，要稍微短一些，切割时捏制者已考虑到。一个底座和一个身子配着四条腿这样的模式早已定格于制作人的脑中，不会出现多与少的现象。制作出的四条腿也同样晾一晚，使之变硬。总之，底座、四肢、身子这三样瓦猫的主要构件是提前做好的。

第二步，也是第二天的工作之一。主要为在底座上黏结四肢，架上身子，捏出尾巴。制作人在筒瓦状底座前后端用刀转出四个有四肢大小的小洞，然后把前、后腿分别置于小洞处，继而用细条状瓦泥盘于洞口与腿的连接处，压紧，固定四肢，每个连接处均用水抿好，抿

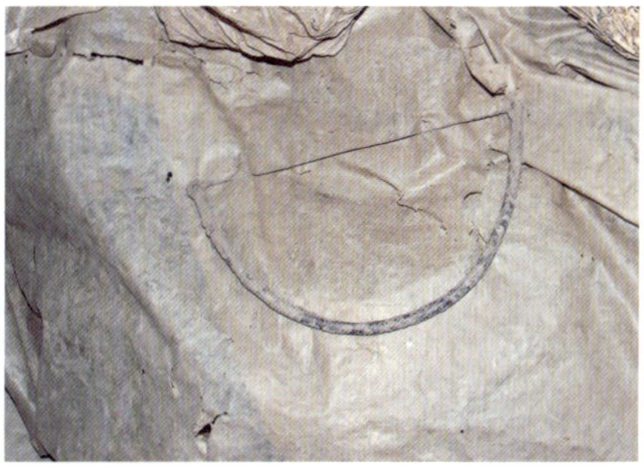

堆放家中的瓦泥与割取瓦泥用的弓

揉泥

捏制瓦猫常用的工具

出虎爪的形状。前后腿的二分之一处均用一细条瓦泥围成小圆圈，然后用水抿贴于四肢，类似于腿部膝盖。在询问瓦猫制作人此为何物时，他们说，这是起美观作用的装饰物。待腿粘在底座上后，架上圆筒状的身子于四肢之上，衔接处用瓦泥连接，用水抿好。圆筒状身子封顶一端为尾部，需要用小刀转一个小圆洞，作为瓦猫的屁股。鹤庆瓦猫头部的嘴与身子上的屁股是相通的，整个身子是空心的，老的工匠们说，他们做的瓦猫，有风吹来时，会发出“呜呜”声。瓦猫制作显出一种民间的智慧：空心的瓦猫身子，一是烧制时不容易炸裂；二是能发出声音，具有镇吓妖魔的作用；三是人们赋予它的意义，即嘴和屁股相通，才能“吃铁拉金”“招财进宝”。身子架好后，在屁股上端用刀挖一个小洞，然后用瓦泥捏出一个锥形条状物，作为瓦猫的尾巴，黏结在小洞处，依然用泥和水抿贴好，如做蛇状的尾巴，就在条状物的基础上，捏出弯曲状。底座、四肢、身子这一套制作完后，需适当晾干。

第三步，捏制出瓦猫的头、脸，粘上鼻子、眼睛、耳朵等部件。这一步的制作是在身子构架已成型稍干的情况下进行，因为捏脸时，需要双手不停地在其没有封顶的圆筒状身子一端捏出一个大圆盘状物，如果身子太软，就不太好用力，影响到瓦猫头与脸的成型。这是最考验制作者捏制技艺的一个步骤，是瓦猫成型的关键。待圆盘逐渐成形后，捏出鼻子，粘于圆盘顶部的正中处。然后制作瓦猫的下嘴壳，嘴壳里粘捏出下牙床，与之相对的在圆盘顶端下面，粘捏出上牙床，接着粘捏出附着在上牙床旁边的两颗虎牙，继而采取同样手法，粘捏出两颗下牙。在上下牙床上画出格状牙齿，一般为五六格。待嘴捏制好后，便制作两颗圆珠似的眼珠，粘于鼻子两边，然后是用细泥条围在眼珠处，作为眼眶，除美观外也起到固定眼珠的作用。接着制作两片柳叶片状的眼皮，贴在眼珠背面。无论是眼珠与头顶、眼珠与眼眶、眼珠与眼皮等这些细微的连接处都是靠手与水的摩擦使之粘牢、细腻化，看不出黏结的痕迹。最后制作出两只耳朵粘于圆盘顶端，紧贴于眼皮之后，依然用水抿好粘接口。最后，用小刀划出耳朵上的条状花纹，转出两个鼻孔。

第四步，整理瓦猫的形状。用水在瓦猫泥坯上反复摩擦，使之细腻，使黏结处隐藏于整体的造型之中。最后，刻瓦猫脸部的胡须、腿上的横条纹和身上圆形或半圆形花纹（此为虎毛）。待瓦猫做好后，将其放置于房屋底层前宽敞走廊上的阴凉处，阴干。一般需要 2~3 天，一只普通瓦猫才能干透。

捏制瓦猫的时间，依据个人的技术和熟练程度是有差别的。例如，郜金福捏一只普通瓦猫须用 1 小时左右，一天下来，他和妻子可捏瓦猫十七八只，有时是 20 只瓦猫；郜树生和他妻子一天捏瓦猫 20 个；徐庆光一个人一天可捏 10 只瓦猫；张全康一天能捏制 3~4 只中型瓦猫。这些都是在没有其他事情干扰的正常情况之下。

手工塑形步骤（从左至右，跨页）

第一排：分割泥块→用弓切割土方→切割成片状的土方→拍打土片→切割土片→卷起土片做筒状身子→
给筒状身子一端加底盖→晾晒中的筒状身子

第二排：转有四个小洞待安装四肢的底座→捏制好的瓦猫腿→粘上膝盖待黏结的前脚→粘前腿→已粘好的前腿→粘后腿→
安装完四肢的底座→阴干中的底座与四肢

第三排：在四肢上端裹上塑料布→黏结身子与四肢→粘接尾巴→晾晒中的瓦猫身子与底座→捏制瓦猫的脸盘→
晾晒中的瓦猫头部与躯干→做瓦猫的下嘴壳→做瓦猫嘴中的下牙床

第四排：粘舌头→粘好鼻子与牙齿的瓦猫泥坯→粘眼珠与眼皮→粘贴耳朵→画虎须→刻花纹→阴干中的瓦猫生坯

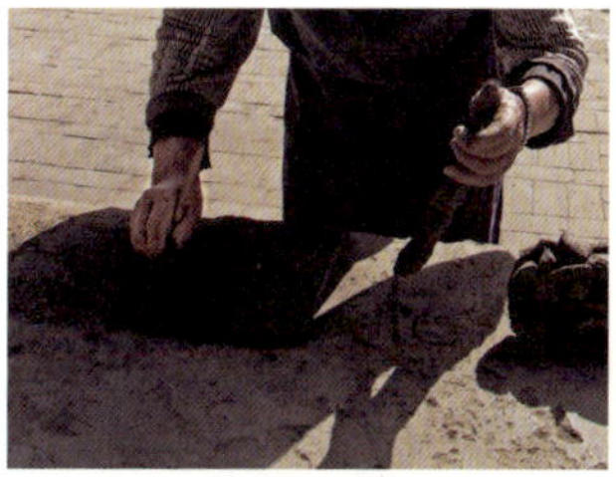

3. 窑火烧制

瓦猫与砖瓦业的密切关系不仅体现在瓦猫捏制者们从瓦窑上购买瓦泥或是直接从取土者那里购买瓦泥，然后以朋友或是生意上形成的人际关系，托付砖瓦窑为其加工瓦泥。另一个密切的关系还凸显在瓦猫生坯烧制这一个环节中。用瓦泥捏制成型的瓦猫还仅是生坯，易碎，需要经过火烧后，使之达到一定的硬度，才能被安放在屋脊上，成为一种器物，经历风吹雨打。在这个环节中，因为条件有限，瓦猫的捏制者只能把瓦猫生坯运送到砖窑上，给指定的有生意往来的窑主烧制。其实质是借助于瓦窑上的物力（土窑、煤炭、水）与人力（掌火师傅、搬运工人）。在此需要再次指出的是，从20世纪00年代起，

映红桥周边砖瓦窑分布手绘图，来源：马佳手绘，2009年9月

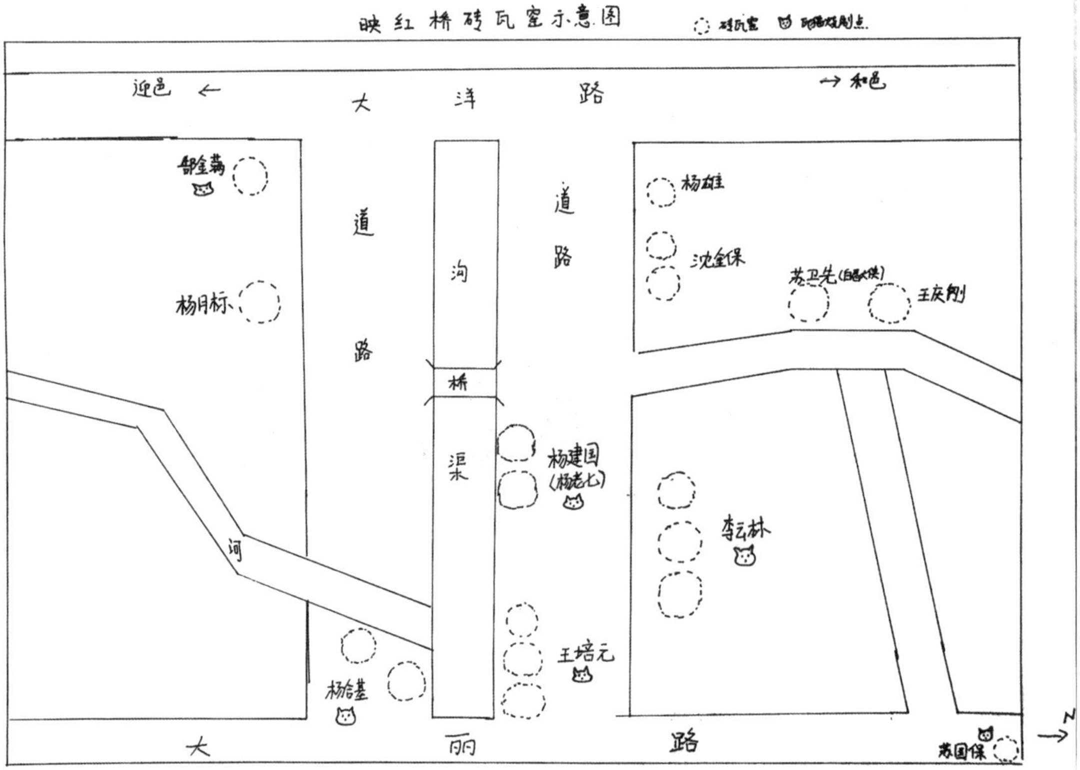

为了迎合市场的需要，窑主一般会请手艺较好的师傅来窑上捏制瓦猫，一天付给 30~40 元的工钱。随着专业捏制者的出现，窑主开始从他们那里收购捏制好的瓦猫生坯，待烧制后，自己出售。另外还有一种情况是，捏制者仅付出购瓦泥费用、烧火费，自己销售瓦猫。以部金福为例，因为他有自己的销售铺面，而且自己做的瓦猫供不应求，所以他只是付给窑上一定的费用。基于和部金满是亲戚的原因，他常把瓦猫拿到部金满的窑上烧制，而有时费用就以部分成品来冲抵，因为部金满也有一门面销售瓦猫和砖瓦。窑主与瓦猫捏制者之间的关系很是微妙，有时窑主还成为瓦猫式样的设计者，控制着捏制者捏制瓦猫的式样和数量。他们的信息主要来源于市场。通常，窑主会定期按照烧窑周期到村中瓦猫捏制者家里购买瓦猫生坯。因此，村中的瓦猫捏制者们各有各的固定买主。

烧制瓦猫的地点为大丽路边映红桥附近的砖瓦窑。映红桥的砖瓦窑多由附近的村民——瓦窑村、班榜村（南班榜、北班榜）、赵屯村、迎邑村的村民承包。现映红桥边上有砖瓦窑 18 座，分属于 11 个窑主，

砖瓦窑

砖窑内壁

其中8家烧制瓦猫。规模较大的几家为河边的杨合基、王培元、杨建国及李云林家。一座窑一次出瓦猫数量在100~200个之间，有时甚至是400个。

在映红桥烧砖瓦的人和附近村民把呈圆筒状的砖瓦窑称为“土窑”，云南民间把这种“土窑”又叫作“黑瓦窑”或是“黑砖窑”。从陶瓷业的角度看，映红桥的砖瓦窑，其功能类似于中国民间尤其是农村常见到的“馒头窑”，在昆明城郊当地人又称之为“闷罐窑”。窑的分类可以按材料来分，分为柴窑、煤炭窑、煤气窑、电窑；而按照窑内火焰流动的方向分为倒焰窑、平倒焰窑、平焰窑、升焰窑等；按其外观形

正在烧制中的瓦窑

状可分为龙头窑、阶级窑、隧道窑、馒头窑、方窑、蛋形窑。通常一种窑炉会有多种称呼，在实际应用之中，民间多按照瓦窑的外观形状来命名。馒头窑最早出现在西周晚期，秦汉时期，馒头窑数量增多，到了宋代时，比起升焰式穴窑，技术上更迈进了一步。原来的升焰式窑中的火焰是自然上升，火焰在火膛中喷涌出窑顶，陶坯与热量交换较少，因此窑炉内的热量消耗大，窑炉体积受限，一次出窑数量较少。馒头窑把原来在升焰窑上顶部的排气孔移到了窑炉后壁，从而促使火焰流往窑顶后不得不倒向窑内，这样火焰在窑内的路线和时间改变了，热量得到了更好利用。此外，烟囱（一般窑室后壁处安有 5 或 6 个烟囱，分别在窑壁的不同位置，一般为圆的六等分处），吸火孔和通风口的配套使用使火的流向和火焰的流速得到自如控制。馒头窑的主要优点是，没有独立的烟囱，而是靠夹墙竖烟道产生抽力，但它的抽力并不大，升温不快，容易得到保温，降温也较慢，因而升温速度容易控制。降温时，借助水，常把水浇于窑顶来实现急速降温，映红桥砖瓦窑窑顶改为平顶状就是基于此目的。

陆明华：《中国陶瓷》，上海外语出版社，2002 年 3 月，第 197 页。

砖瓦窑多由废弃的砖瓦、泥土、石头堆砌而成，直径一般为 5 米或是 7 米，窑顶距离地面约有五六米。一座砖瓦窑有两个门：一个是加炭烧火之用，称为窑前门；一个为窑后门，用于装窑、出窑。从窑前门进去，顺着一条约能容纳两人的短小通道望去，可以看到居于窑中心的窑炉，也叫作火塘，十多根细钢管架在窑炉上。烧窑所需点火用的炭，就放在钢筋炉条之上，待砖瓦和瓦猫装入窑中，准备烧火时，窑炉就被废弃的砖封闭，在偏上的地方留一个约有三块砖大的孔，用于烧火加炭之用，墙的下端留有钩火用的“灰堆”，用于把炭渣清理出来。

烧制砖瓦及瓦猫的燃料为有烟煤和无烟煤。1976 年以前，砖瓦窑上的燃料为烧柴，1979 年有了“以煤代柴”的政策，有关部门强令要求窑上改烧煤炭。无烟煤来源于鹤庆马厂（地处鹤庆与剑川的交界处）或是松桂，因此常被当地人称为马厂煤或是松桂煤。有烟煤当地人称为河源煤（产于宁蒗海子坝）和永胜煤。两种煤因为热量、性质的差异，而被用于不同的场合之中。有烟煤放在窑中，主要靠人背进窑中，在装窑的时候把其撒在待烧的且已经码好的砖瓦上，包括瓦猫生坯上；而无烟煤通常在充火（添火）的时候用，是主要的燃料。通常大窑烧一次砖瓦需要煤8~9吨，小窑为5~6吨。这样一个月下来，平均用煤都在18~20吨之间。而从2010年12月份起，部分窑主开始使用木材及木料加工厂废弃的松木表皮及其他废料作为燃料，这样烧制出的砖瓦及瓦猫颜色偏青黑，经雨水淋刷后表面不会泛白，深受丽江等地人的喜爱。

（上）制做烧火用的无烟煤块

（下）从窑顶部递砖入窑内

瓦猫的烧制与砖瓦烧制同时进行，即把砖瓦生坯装入窑中的时段也是装瓦猫生坯的时段。瓦猫常被装砖窑的工人放置在瓦窑的第3股、第4股、第5股的筒瓦堆上烧制，因为这两层的空间恰好够放置普通的或是小型的瓦猫，而且据有经验的掌火师傅说，这两处烧出来的温度，大概在1000℃~1400℃之间，在这个温度段中烧出的瓦猫颜色

视瓦窑的大小而定，较大的瓦窑能装上7股左右的砖瓦堆，因此瓦猫能放置到第6股上。

（左）用谷草填塞空隙，防止瓦猫生坯碰撞破损
（右）放瓦猫生坯于勾头上

（左）烧火
（右）出窑时手拿瓦猫的妇女

最正，不黑也不红。按照平均数量来看，一座砖瓦窑一个月可烧瓦猫1~2 次，一次可烧出 100~200 只。王培元、李云林和杨雄的砖窑上每次烧制量在 100~200 只之间。部金福的瓦猫因为品种较多，大的瓦猫或麒麟足有 1.3 米的高度，那么像这样的器物，一般一次就只能够烧制 4~5 只，遇到烧小型瓦猫时，可以烧制 400~500 只。所以一次装窑和出窑的瓦猫数量是根据瓦猫大小来定。当然对于那些村里人建房后安放的传统瓦猫，即中型的普通瓦猫，一次装窑和出窑量可控制在 100 或是 200 只以内，这是个常数。

黑色是没有烧透，由温度过低造成，相反，发红则为烧得过火，因冷却还原的时间不够造成。

瓦猫在没有烧熟时，生坯是很容易被磕到、碰到的，所以瓦猫的耳朵、牙齿和尾巴最容易因装窑工人搬运时的粗心或摆放位置不正确而被弄断。因此，如果是自负盈亏的瓦猫制作者（如部金福）每每装窑和出窑时，尤其是装、出大型瓦猫时，他都会亲自到砖窑上指挥与监督，有时自己动手，他说这样他比较放心。负责装瓦猫和出瓦猫的工人即是那些负责装出砖瓦的工人。一般是窑主从村子里找来的临时工，比如没有农活可干的中年男性和女性，尤以女性居多，付以一天45或50元的工钱，并为他们提供两餐。

装瓦猫、烧制瓦猫和出瓦猫的周期完全与烧制砖瓦及出砖瓦的时间一致，映红桥的砖瓦窑，装窑、烧窑、出窑的周期通常为17或是18天。具体为：用1~2天装砖瓦和瓦猫，烧砖瓦用去七八天，熄灭后，浇水，闷上六七天，起到降温、还原的作用，然后打开窑门，凉一两天，出窑用一两天。各窑因烧制中的火力不同，致使时间上会在十七八天上变动。有些砖窑的烧制周期为二十一二天，装窑用去2天，烧12天，闷六七天，凉2天。较小的窑，半个月就可烧一次窑。

出窑的瓦猫被放于堆放砖瓦的空地上，有的放于专门的地点和房

放于窑边刚出窑的瓦猫

子中。当然，窑主常会把几个瓦猫放在码好的砖瓦堆上，吸引买者。从大丽公路上路过的游客，会到窑上购买瓦猫。窑上的砖瓦工常说起一件事：有一次一个外国人从车上下来，看到刚出窑的瓦猫，想买一个，询问价钱，由于语言不通，砖瓦工比手势，张开 5 个指头，其意思为 5 元，外国人当场付了 500 元，然后抱着瓦猫离开了。不知道这个故事是真是假，但是，只要在窑上一问，很多人都知道此事，也都能说起这个故事。

（四）瓦猫艺人

使瓦猫具有独特外形与地方特色的应归功于拥有一双双巧手的捏制者们，有了他们，手塑成型的瓦猫捏制技艺才被展现出来。截至调查的最后时间（2011 年 8 月），在村中或者说在整个鹤庆县，专门捏制瓦猫的人中，我把其与过去捏制瓦猫的砖瓦工相区别，将其看作是瓦猫工艺技术的持有者，称为瓦猫艺人，有郜金福（夫妇及小儿子）、郜树生（夫妇）、郜广生（夫妇）、徐庆光及其女婿张全康（儿子及儿媳妇）11 人。瓦猫艺人的出现与瓦猫作为工艺品出售同步，可以说瓦猫艺人的生活史见证了瓦猫从砖瓦附属物变为工艺品之生命历程。

早期，瓦猫由在窑上做工的师傅应他人之需而捏制。20 世纪 80 年代初，手艺较好的师傅被请到窑上专门捏制瓦猫，其中一部分成品已经作为工艺品出售。进入到 20 世纪 80 年代末到 90 年代初，滇西北旅游业开始发展，尤其是大理、丽江等地旅游业的兴盛发展，带来了旅游商品市场，尤其是旅游工艺品市场的活跃。一时间制作与销售瓦猫民族民间工艺品成为能挣钱的手段，在吸引了很多旅游者和外地商人的同时，也促使一批批民族工艺开始复兴，开始规模化的制作。

专门制作瓦猫的人也从砖瓦工和农民中脱颖而出。

20 世纪 80 年代末开始，民族文化的变迁、民族文化的遗失等问题开始显现。90 年代起，少数民族文化保护与传承成为各学者研究的对象，成为国家文化部工作中的一个重要组成，一系列研究机构相继建立。与之相配的是，联合国教科文组织指出，在关注各种自然遗产遗迹时，不能忘记文化遗产，尤其是那些在口头上传播的语言、诗歌、神话，还有那些手把手传承下来的技艺，这些被称为无形的文化遗产（中国翻译为“非物质文化遗产”）。2001 年联合国教科文组织开始进行“人类口头和非物质遗产代表作”的申报与确认工作。2003 年 10 月，联合国教科文组织第 32 届大会通过了“保护非物质文化遗产国际公约”。世界许多国家包括中国在内先后加入到保护行列中，制定保护法，建立保护机构，调查、搜集、记录、整理民间文学艺术，培养手工艺人，资助传承人，建设生态博物馆，设立“国家遗产日”等，以多种形式开展民族民间文化的保护工作。1999 年，云南省在于 20 世纪 50 年代就已意向性提出的“中国民族民间文化保护”的基础上，开始“民族民间文化保护”工作。首先对民族民间文化的现状进行调查，其中包括民族民间工艺美术持有者的普查、登记和命名，并给予持艺人一定的经济帮助。2003 年，中国文化部、财政部等多部委再次启动“民族民间传统文化保护工程”，该保护工程从 2004 年到 2020 年实施，分为三个阶段进行，现在已完成第一个阶段，进入到第二阶段。2005 年，考虑到全球范围内的非物质文化遗产保护的提法，“民族民间文化保护工程”正式更名为“非物质文化遗产保护工程”。2006 年国务院下发关于加强文化遗产保护工作的通知。随后，中国政府对民族民间文化的重视程度越来越高。村中的瓦猫捏制者部金福被命名为“云南省民族民间美术师”，每年发给 4000 元补贴。

其实这是一个相对概念，因为没有绝对的非物质文化，诸如陶艺、绘画、雕刻等工艺，失去了物质外壳，那么该文化事实也将不会存在。

第一阶段 2004~2008 年，为先行试点和抢救濒危阶段；第二阶段 2009~2013 年，为全面展开和重点保护阶段；第三阶段 2014~2020 年，为补充完善和健全机制阶段。

1. 工艺美术大师：郜金福

在整个鹤庆县城，提起捏制瓦猫的人，几乎无人不知郜金福，或是“猫福”，他的名气在整个村甚至在整个县，在大理、丽江、昆明都能有所耳闻。一个普通农民一个曾经烧砖瓦的普通砖瓦工，何以在短短几年间就获得了诸如“云南民族大学客座教授（1998年）”、“云南省民族民间美术师”（1999年）、“云南省工艺美术师（2007年）”、“中国工艺美术大师”（2008年）等头衔。所有的一切，按他本人的话说，都来源于自己捏制的瓦猫，是瓦猫给予了他现在生活中的诸多名誉与诸多荣耀。

猫福：村里人对郜金福的称呼，又称猫金福。主要是因为其捏制瓦猫比较出名的原因。

郜金福，北班榜村人，1963年生。其父郜摄斗，80多岁，他并不是人们想象中的精通制作瓦猫的匠人，可以说他与砖瓦业甚是无缘，他是一位铁匠，打得一手好活，早年曾经在丽江、维西、香格里拉等地打铁，挣钱养活整个家庭。郜金福是他五个孩子中的一个，排行老二。郜金福说，在村子里，四五岁的小孩常跑到窑上去看人打砖、制瓦，或是看老师傅捏瓦猫，砖瓦泥到处都有，在窑上随便

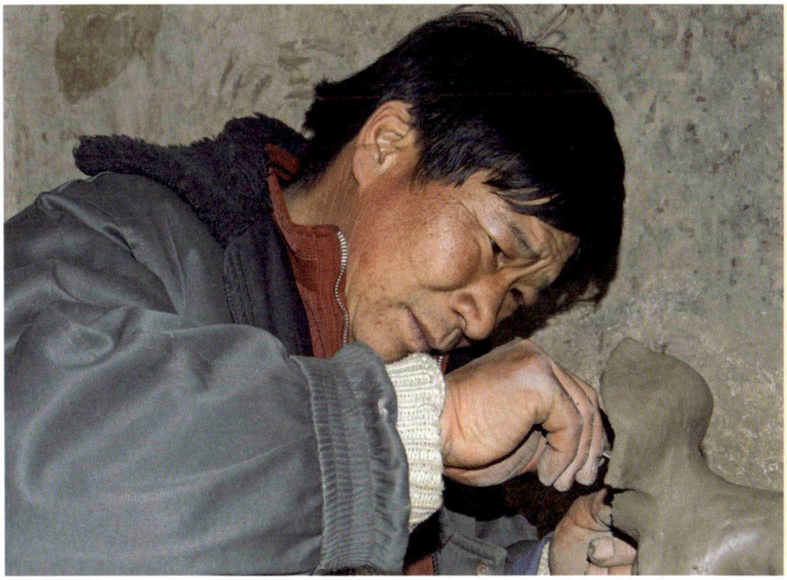

郜金福捏制瓦猫

店铺中各种造型的瓦猫

捡上一坨，拿在手上一捏，怎么都能捏出个狗、鸡、猫，他小的时候，就是这类孩子中的一员。他 16 岁初中还未毕业（初二结束），就在窑上帮人打砖制瓦，也从那时起开始捏制瓦猫，式样是村中普遍使用的，十分像老虎的传统瓦猫，当时多被称为“降脊虎”，村中老人都喜欢这样称呼。

1982 年，他与村中的 7 个人承包了一个砖瓦窑，烧制和销售砖瓦，当时一年收入是两三千元。在窑上有位和邑村的李元志师傅，捏制的瓦猫式样像虎，深受村民喜爱，于是郜金福开始从李师傅那里学习专门捏制瓦猫的手艺。从那时起，他开始捏制瓦猫，并在窑上烧制。一天能捏六七只瓦猫，一只瓦猫能卖 2~3 元。1988 年，郜金福开始在家专门从事瓦猫捏制，然后把生坯卖给窑上，每只生坯为 4~5 元，这样一年他大概能捏 4000 只，年收入为两万多元，这样的经济收益对于一个在窑上做工的砖瓦工或是在家中盘田种地的农民来说，较为可观。很快，在制作规模扩大的情况下，他的妻子也加入到捏制中。但他的妻子仅会捏制普通瓦猫，造型上没有什么创新。每天他和妻子从早上七点半或是八点半开始做瓦猫，到下午六七点才结束，一天能做十七八个瓦猫。有时捏制到凌晨一两点钟。如今他的大儿子（23 岁）、小儿子（20 岁）也都学会了捏制瓦猫。大儿子成家后，搬到维西老岳父家中，帮着料理建材生意；小儿子一直跟着他学习做瓦猫，现在主要看管着销售瓦猫的店铺。小儿子在瓦猫造型上也有创新，还能捏制各种型号的麒麟和孔雀。

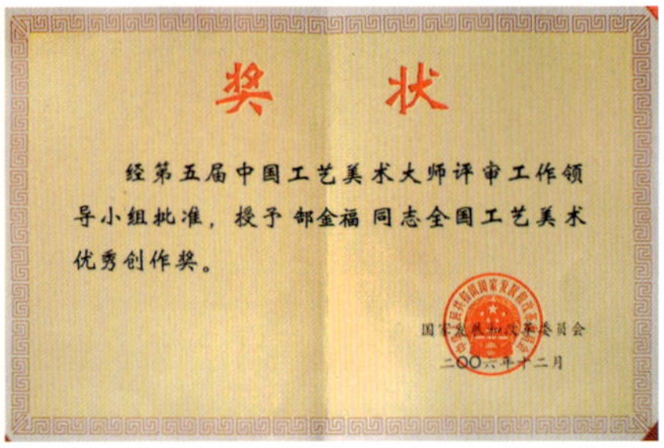
奖　状

经第五届中国工艺美术大师评审工作领导小组批准，授予 郜金福 同志全国工艺美术优秀创作奖。

国家发展和改革委员会
二〇〇六年十二月

郜金福荣获全国工艺美术优秀创作奖的奖状

大约从 1992 年开始，郜金福开始在传统瓦猫的造型上下功夫，他琢磨并制作出一系列具有独特造型的瓦猫，如“狐狸猫”“飞猫”“葫芦猫”“塔猫”“双面猫”等。到目前为止，他共做出300多种不同造型的瓦猫，有些造型的瓦猫，一经做出就被商家订购。所以他感叹自己家中剩下的瓦猫造型不全，他想着一旦有时间，就要把以前曾经捏出的瓦猫式样，再次捏制，作为收藏。他说他想办一个瓦猫的展览馆，把自己捏制的瓦猫，统统放在一起，供人参观，展馆的地址为他家后院，这样也方便前来订货的人，还有方便采访者了解情况，从而节约他的时间。

1998年郜金福用捏瓦猫挣来的钱盖了一栋两层、三开间的传统木架结构房子，正房天脊正中和大门正中的瓦猫，由他自己捏制的。就在这一年，云南民族学院（今云南民族大学）邀请他到学院为艺术设计专业的学生讲课，现场教授捏制瓦猫的技艺。从那年开始，1999年、2000年、2001年每年学校都邀请他为学生讲课，除去吃住外，学校给他每天100元的课时费。云南艺术学院学生常以班级的形式组织到他家中参观，并进行造型艺术学习。1999年他被云南省文化厅命名为“云南省民族民间美术师”。随着大理、丽江旅游业的发展，他的名声也越来越大，各新闻媒体都纷纷来到他家采访拍片，这样一来，无形中给他带来了广告效应，更多的商人找到他订购瓦猫。

郜金福的代表作品

如此瓦猫生意便越做越大，到目前为止，昆明、大理、丽江等旅游地都有商店出售他捏制的瓦猫。丽江古城从 1992 年起，便有人向他订货，现在已经发展到六七家。1997 年大理古城中有两家商铺向他订货，其中一家是以郜金福的美誉——“滇西猫王”来作为商店名。新华村民族村有一个郜金福瓦猫专柜。在旅游市场中的瓦猫视其大小可卖到 80 元、150 元、200 元，甚至是 2000 元不等的价格。

瓦猫的价格表

型号	小号	中号	大号
高度（厘米）	18	30，33，36	130
成本（元）	8	10	70、80
价格（元）	30	40—100	100 以上

来源：马佳绘制，2010 年 4 月。

2007 年郜金福凭着自己捏制的两件作品——一米多高的“塔猫”和“飞猫”，赢得了“云南省工艺美术大师”的称号。2006 年郜金福加入云南省工艺美术家协会，他说参与这样的协会有利于自己知道行情，利于瓦猫文化产业的发展。郜金福还是鹤庆县文联的成员之一，他说入会的目的是“把民间工艺作为宣传和开发项目”。他计划在自家屋后修建一个瓦猫博物馆或者说是瓦猫展览馆，把自己这么多年来捏制的形制各异的瓦猫陈列出来，以便来访人员参观，更方便瓦猫订货与销售，让更多的人知道鹤庆瓦猫。

2. 瓦猫艺人：徐庆光及女婿

徐庆光，72 岁，一位聋哑人。据他的妻子和家人说，他小的时候，大概七八岁，便开始在大队窑上做工，打砖、做瓦、做勾头、踏泥巴、烧窑等活都曾干过。他曾经在迪庆做铁匠，帮人打钉子和马掌，钉马掌，后来回家后，便在窑上烧砖瓦。大概在 1972 年、1973 年时，开始捏瓦猫。现在因为年龄原因，从 2004 年起，他没有在砖瓦窑上做工，而只是待在家中捏制瓦猫。也许是因为与外界交流较少且年纪较大的原因，他本人只捏制安放于屋顶上的传统瓦猫，而不捏制作为工艺品的小型瓦猫。

张全康，1963 年生，原和邑上庄人，1985 年与徐庆光的二女儿结婚，做了上门女婿。14 岁的时候，张全康开始赶马车、砍柴、拉柴、拉煤等。24 岁时，与其哥在丽江（乡东砖瓦厂）烧砖瓦，砖瓦窑上的各种工种，诸如打砖、制瓦、翻瓦、烧火等都会做。烧了一年后，以每年 500 元的费用承包北班榜村的瓦窑，自己当老板烧窑。烧两年

徐庆光与他捏制的瓦猫

徐庆光捏制的瓦猫

砖瓦后，1995 年买了一辆手扶式拖拉机搞运输，当时主要是拉石料、拉砖瓦等建筑材料。拉车两年后，开始搞基建、建房，一个月能挣 1 千多元。他没想到后来老板拿钱跑了，于是这 10 年下来，他仅得到了 3 万多元。2006 年自己买了一辆微型车，在县城搞客运。2009 年 4 月，把车卖与他人，因为岳母的腿摔伤，家中无人照看，于是闲在家中。他说当时他无事可做，闲着又挣不到钱，因为岳父徐庆光捏瓦猫能挣钱，当时瓦猫的需求增加，窑主好几次上门要货，可是他岳父一人显得有些吃力。他看到这种情况后，便在家中操练了一个多月后（和岳父学习捏瓦猫，加上自己的创意）开始捏瓦猫。

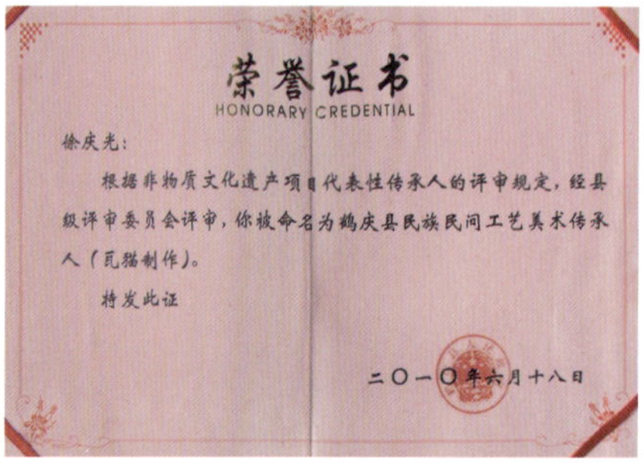

荣誉证书

HONORARY CREDENTIAL

徐庆光：

根据非物质文化遗产项目代表性传承人的评审规定，经县级评审委员会评审，你被命名为鹤庆县民族民间工艺美术传承人（瓦猫制作）。

特发此证

二〇一〇年六月十八日

徐庆光的荣誉证书

张全康是一个颇机灵的人。为提高捏制瓦猫的效率，他改良工具，发明转盘。他琢磨着如何制作出更多的动物造型，他说他打算请一位雕刻师雕出 12 属相，然后照样子用瓦泥捏成工艺品出售。他认为捏制瓦猫的人会越来越多，因此需要发明出新奇的式样才能挣钱。现在小型瓦猫卖给窑上为10元，他认为这个价太少，所以打算自己建一个窑专门烧制瓦猫。现在，他捏制的中型瓦猫生坯以25~30元不等的价格卖给窑主，且自己也开始销售成品。随着瓦猫供不应求，捏制和销售瓦猫成了他家的主要生计。

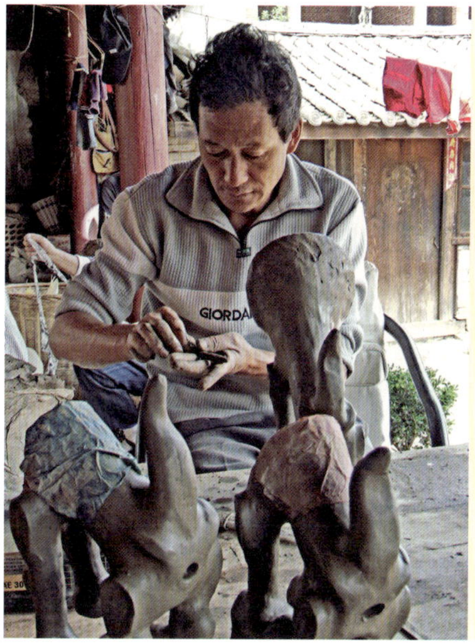

正在在捏制瓦猫的张全康

3. 瓦猫艺人：郜树生及兄弟

郜树生（61岁）和他的妻子（56岁）两人均为北班榜村村民，现一天可捏制20只瓦猫。此数目为正常情况下以普通瓦猫的制作为标准，如果制作大型瓦猫，所耗时间会有所增加。

郜树生的口述如下：

我小学上过一年级就没有上了，家里穷，能被养活长大就很不容易了。十四五岁的时候在生产队的窑子上烧砖瓦。36年前（1962年）结婚。后来拉马车，到松桂那边的蝙蝠洞那里拉柴来卖，拉建房子用的梁。还有就像交通车那种，拉人。修房子那一年我生病了，医生说是肝硬化，住医院两个月，后来又好了，没有拉马车了。大概在1979年和1980年的时候开始在窑上做瓦猫。我的父亲会烧砖瓦，也会做瓦猫，

（左）郜树生
（右）郜广生

我以前看过，后来慢慢地就会做了。一开始一天就做四五个，那时要的人不多，也没有作为现在的工艺品出售。亲戚和较合法的朋友来要瓦猫，就送给人家。

自己在家做瓦猫时，一开始是自己到窑上去问有没有要瓦猫的，以前是自己去问，现在是人家来家里订货。窑上窑主反映，瓦猫有人来买，你可以多做几个，这样就开始多做起来。1991 年和 1992 年时，就开始有人上门来订货（购瓦猫的生坯）。

到现在做瓦猫 20 多年，有一段时间丽江飞机场那边（甸北）有一个窑主来请我到窑上专门做瓦猫（好像是 10 年以前），于是我去了甸北的窑厂，在窑上就我一人，人手不够，后来又叫上媳妇一起做（她嫁过来后，跟我学会做瓦猫）。大概做了 3 年，我就回到家中自己做瓦猫，然后用车运到飞机场那里的窑上，运费自己出，为 80 元一转。

现在我和我妻子一起做瓦猫，一天可以做 20 个，一般做到 100 个或 200 个就运到窑上去，现在主要运到王培元的窑上烧，一只瓦猫的价格为 5 元。王师傅不允许我们把瓦猫卖给附近其他人的窑上，他说一旦发现我们把瓦猫拿到其他窑上去卖，就不再订货（他出的价是比较高的），他想搞个垄断，但他允许我们把瓦猫运到甸北，飞机场那里的窑上去烧，甸北那边通常是定期打电话来订购。捏到一定数目后，我们会用车送去给他，那个老板和我比较熟，那一片窑上的很多人都认识我和我的瓦猫。

我们的瓦泥是从王师傅的窑上购买来的，前几天去拉了4车过来，估计有20几吨，一共用去了900多元，这20多吨泥可能够用七八个月吧。以前用水牛踩瓦泥比较好，滑溜些，比较黏，沙也少些，水分要干些，现在是用拖拉机踩，用牛踩的少了，如果是牛踩，一塘泥巴（十七八吨）需要踩上两天。

我和我妻子早上八点或八点半开始捏瓦猫，到下午六点或六点半，有时到七点才结束。赶货时，最晚弄到十点或凌晨一两点钟。单独捏一个瓦猫需要用去两个多小时，分开来按照各零件（瓦猫的各个部分）安放，时间就少些了，平均下来，一个瓦猫用一个小时左右，这样一天可以捏20个。

我家的瓦猫主要卖到丽江、大理、昆明、西安，据说是连青岛都有。丽江古城里有两家来拿货，一个在古城，一个在玉龙雪山下。一般两个月或三四个月来进一次货，一次拿货四五百只，小的瓦猫四百多只，大的一两百只。老板自己用微型车来拉，自己带纸箱，一个瓦猫用两张报纸包住，然后放入箱中。大理古城有一家，老板腿脚有问题，一次拿100到200只，大概12天左右来拿一次货。拉萨本有订货的，但因去年拉萨暴乱，鹤庆人大多回到了家乡，没有卖成。

订货时，他们需要什么类型的，说给我们我们就照样做。丽江那边尤其喜欢我捏的大嘴巴、圆嘴巴的那种瓦猫，好卖，那边订的这种货比较多。有些（广东那边的老板）拿着图片来，让照着图片做。我看后，也就会做了。如果他要求做精细些，那么我们就做，做精细些，就是把表面多抹几次水，弄平、弄光滑些。当然这样就费时了，所以

（上）郜树生与妻子正在捏制瓦猫
（下）郜广生捏制的瓦猫

要多加点钱。每个多加上一两元。做精细些费时间。货要得多要得紧时，就不能做精细了。一般卖到市场上的工艺品就得做精细些，而一般建房用，就可以做粗糙些。

今年（2009年）7月份，原来在丽江古城的那个老板，他是鹤庆小板桥人，在束河古镇开了一家铺面，卖我的瓦猫和其他工艺品。月底，28号那天，他开车接我们到束河玩了一趟，照了很多相片。他说，来他门市上买瓦猫和订货的人，最远有青岛、哈尔滨的。他说让我把所有的瓦猫拿给他卖。

郜树生的弟弟郜广生从16岁开始烧窑，1982年与村中的8个人一起承包队上的一座瓦窑。两年后开始自己做老板，在北河堰烧砖瓦。到2007年4月份，中断烧窑，回到家中闲着，帮别人（窑老板）取土，运到砖瓦窑上。见哥哥捏制瓦猫可以挣钱，于2009年5月份开始利用家里剩下的泥巴，再从较合法的正烧砖瓦的朋友那里要了一些瓦泥，开始自己捏瓦猫。他在砖瓦窑上烧窑时，看到窑上的一位叫张友福的师傅捏过瓦猫（他也是北班榜村中的人，于1984年去世）。然后，他自己也试着捏瓦猫。现在他与妻子一天能捏十五六个瓦猫。3个月的时间里他共捏制瓦猫500多个。瓦猫卖给李云林、沈金宝这两个窑老板。窑主烧砖瓦时，便打电话给他们，询问瓦猫生坯的数量，然后，由他和媳妇把瓦猫生坯送到窑上去。

进入2010年、2011年后，瓦猫捏制者数量有所增加。张全康一家，除了他本人外，他的妻子、小儿子、儿媳妇，也都先后加入到了捏制瓦猫的队伍中。曾经的砖瓦工郜怀勇见瓦猫供不应求的现状，打算重操旧业，捏制瓦猫。可以说，从20世纪80年代中期开始，随着鹤庆瓦猫日渐成为一种工艺品，专门从事瓦猫捏制的艺人也就产生了。也就是在这不超过30年的时间中，瓦猫捏制呈现出以某一瓦猫艺人为中心的家庭作坊形式的规模化制作。同时，瓦猫的造型发生了改变，其中大众消费者的喜好成了主导捏制者造型创意的主要因素，而不仅仅是村民头脑中的文化图式。

（五）瓦猫的使用

为什么要在屋顶安放瓦猫，从村民口中，可以了解到一些原因，其一，村中每一家建房后，“合龙口”时，安放瓦猫。一些老人这样认为：“因为我们这儿烧砖瓦，有人会捏瓦猫，砖窑上可以烧出瓦猫，所以，建房时就带着买瓦之便，把其购买来安放于屋脊之上。”问及能否不安放瓦猫时，老人说：“这个随意，没有固定的规矩，但我们这里兴这个（指瓦猫），所以一般都要安放，再说这些瓦猫安在屋顶上看上去好看。”再有村民认为，瓦猫能治邪，瓦猫能“吃铁拉金”“招财进宝”。村中一些老的房屋屋脊上的瓦猫已经经历三代或是四代人。但是保留下来的老式瓦猫还是少数，因为某一时期的政治运动，很多老瓦猫被强行拆除和砸碎。老人们说：“那时连家里面佛堂上供奉的祖先牌位和佛祖都被砸、被拆，更别说瓦猫了。来拆的人说，这些都是封建迷信，不能再搞。”老人们认为瓦猫能治邪，再说，当地就生产瓦猫，把它放于屋顶上是合情合理之事，怎么会是迷信呢？迷信是搞破坏活动，而瓦猫没有搞破坏活动。总的来看，村中瓦猫的功能表现在两个方面：其一，被作为屋顶正脊的建筑构件之一；其二，根植于村民观念之中的“辟邪纳吉”的镇宅器物。

1. 建房过程中的“合龙口”习俗

在北班榜村中，村民虽多为汉族，但生活方式却与白族相同，居

合龙口的位置

（左）“竖房”后的宴请
（右）“合龙口”后的竣工宴

住形式也多是采用传统白族民居，即“三坊一照壁”或是“一坊”的土木或砖木结构房屋。所谓“坊”就是指一个三开间的二层房屋，底层三间，中间一屋为堂屋，类似于客厅。左右次间为卧室，底层前有走廊。楼层通常三间不分隔，中间为佛堂，供神之用，其余作为储物之用，有的也隔出一间作卧室。而“一坊”就是指一个院落里只有一栋三开间的二层楼房。当然这只是一个大致的形式，除了堂屋和卧室之外，在土墙和砖墙围起的院落中，在空地上还建有猪圈、厨房等建筑。

现在村里建房，多找寻木匠师傅负责，一次把活承包给木匠师傅，另外还会请到负责砌砖铺瓦的泥水匠或砖瓦匠。需要说明的是，以前村中的民居多为土木和砖木结构，而现今出现了混凝土结构，房屋的传统木柱被砖墙取代，但是构成屋顶中的梁、枋、檩条、椽子等构件所用的材料仍然是木料，所以木匠师傅仍然是建房屋的主要负责人。泥瓦匠由木匠师傅带来，不用建房者单独去请。总之，类似于城市建房中的包工头，建房的匠人们会自己成立一个团体，由木匠和泥瓦匠出面负责，各履其职。不排除木匠师傅兼泥瓦匠的情况。

在村中，建房很有讲究，得按照一定的程序进行：从选址、动土、起工架马、垒基脚、竖房上梁、砌墙、盖瓦、合龙口、铺地、室内装

起工架马为村中和附近白族村中村民建房第一步：即待木料由家里人准备好，或是由师傅买好放于家中。家里人开始准备，架好木马。在一建房用的圆木上割下一段或是一片圆木，用红笔写上“圆木大忌”四个字，放于木马上。这个步骤意味着开始动工建房。另还需在已经选好的地基上挖一块土巴，土巴和木片都需要供起来，这就是“土器”“木器”，此为当地建房的习俗。

这里有两种情况，一是待屋顶瓦铺设完毕后，合龙口；另一种是待房屋完全竣工后，再合龙口。

修再到房子完全竣工，几乎每一步中都有相应的仪式举行。村中建房过程呈现出阶段性，就是说建房并不像城市里建房那样，只要准备好材料后，就“一蹴而就”至房屋竣工。农村建房主要考虑到经济原因和劳作时间安排。如今，修建一栋三开间的两层砖木架结构的房屋，从修建到室内的装修需要接近30万元，而这样的数目对于一户人家来说是不能在短时间内拿出来的。在村中一对年轻夫妇成家后，依然和父母住在一起，一般住男方的家中。夫妇和男方的父母便开始攒钱，累积到一定数目后，开始建房，购买木料、石料、沙灰，尤其是在现在，木料价格开始上涨，购买材料就得花去很大一笔钱。一村民家用去7万多元购买修建正房和整修偏房所用木材，男主人早在两年前便开始购买木材，有时候3根、有时候6根，这样陆续购买后放置于家中，以备建房之用。维修偏房与猪圈用去了1万多，加上地基的修整，一共就用去2万元左右。修木架结构的房子，需要在附近村中或本村中请手艺较好的木工师傅，工钱一般一次性付给师傅，现在大概为8000元左右，这样一来，在修建之前，一家人就得用去10万左右。待房子初步建好，亦即已经具有了房屋的整体框架结构，屋顶的瓦片已铺好，仅在天脊上留下龙口之后，接下来就有两种情况出现。第一，就是在还未做室内装修，三间房间未做隔断时，安放瓦猫，请客吃饭，待家人搬进屋后，再慢慢地装修屋内。这主要还是出于经济有限这一因素的考虑。另外一种情况，也是现在普遍的趋势，即待房子隔断做好，室内装修完毕，房子门窗已安好或是家具已经购置齐全，即房

建房铺瓦

子真正竣工后，屋主才请修建房屋的师傅或是其他人安放瓦猫于龙口之上，然后请客吃饭。在村中，修建房子到竣工需要根据自己的经济情况来请客，一般需要在不同的阶段请 2~3 次客，即请师傅前来“破土”和“起工架马”后，请第一次客，主要是请自己的亲戚和较好的邻居，场面较小，不太隆重；第二次是在“竖房上梁”之后，房屋的整体框架已成型。在村中，竖房需要一定的劳动力，因此请客的数量比较多，除去竖房的人之外，还有亲戚、远房亲戚、较好的朋友，请客很大程度上起到答谢前来帮忙的人的作用。另也是屋主炫耀财富的一种方式，从某种程度上以此确认在村中的经济地位。第三次请客，就是在“合龙口”后，这时房屋屋顶的瓦已盖好，如第二种情况，有的人家，地面修整好，隔断做好，装修做完，即意味着房屋的真正竣工。此次请客规模较小，仅为自家的直系亲属等。

通常，一栋三坊一照壁样式的砖木结构的房屋从修建到真正意义上的竣工，有时需要两三年的时间，更长的有十年以上的。当然，制约建房的外因还跟村民的劳作时间有关，建房中最重要的一些过程，如破土、起工架马和木架结构的穿斗及最隆重的竖房上梁仪式，一般都是在农闲时间进行，而且考虑到建房木材遇雨水后会变形而不利于穿斗的气候因素，建房一般选择在旱季进行，所以综合这两种因素，在北班榜村中，建房一般选择农历的冬月和腊月间进行，“合龙口”也一并在这个时期。

所谓“合龙口”是指当竖房上梁后，待屋顶的两个坡屋面的瓦片铺设完毕后，留下两坡面顶交接面处，即正脊处未铺瓦片。随后，瓦由屋顶左右两边梢角头铺向中心，留下一片筒瓦片大小的缺口，即“龙口”，瓦猫便由负责修建房屋的泥瓦匠师傅安放于“龙口”处，此举在村中被称为“合龙口”，也叫作“卡瓦猫”。“合”与“卡”字显示出了一种动作，即把作为瓦猫底座的筒瓦与临近的左右两片筒瓦相

如果是房子完全竣工，包括室内装修完毕，安放瓦猫通常由村里的算命师傅负责。

扣，促成屋顶正脊的成型。所以“合龙口”的时段又被村里人称为“杀脊”。简单地说，合龙口”就是用瓦猫把这个处于屋顶正脊正中的缺口合上，使得正脊贯通。“合龙口”一说，不仅在村中在鹤庆出现，在中国其他地区如青海、陕北、山西等地也有。当地的“合龙口”，即用瓦片盖上“龙口”，并举行一定的仪式，差异在于鹤庆北班榜村村民“合龙口”所用之物为瓦猫。

2. 安放瓦猫的仪式

通常情况下，安放正屋正脊瓦猫，即“合龙口”，较为正规与隆重，须择吉日，通常选择和屋子的男主人及其长子的属相不相冲突的日子安放。比如，如果某姓部的屋主属鸡，那么按照皇历所示，选择不与鸡相冲突的属相日。严格意义上，就连屋主的生辰八字都要与安放瓦猫的日子相配合，否则如在不吉利的时间安放瓦猫，日后家中会出现不顺，这是很多村民认可的。在正屋龙口处，通常还要放置一锭墨、一支笔、一本圈有建房日子的皇历、一点银子、玉器、麦子、谷子、蚕豆、莲子等物品，然后才把瓦猫安置于龙口处。随后，点燃事先挂于天脊左右两边梢角上的鞭炮，然后开始请客吃饭。

已铺好瓦的屋面，仅留下龙口

以下是安放瓦猫于正屋屋脊正中之上的仪式过程。

版本一

此版本由章虹宇学者提供，他本人又是鹤庆县城的风水先生，人称“天柱爷”。安放瓦猫是他的工作内容之一。

第一步：祭供瓦猫

请来瓦猫，安置在新居正堂屋门中走廊正中心处，前摆有大供——猪头、全鸡、全鱼、敬茶、敬酒；猫左右点两支红烛，前燃香灯，四周用 12 炷（闰年 13 炷）香围成圆圈，另摆素供——斋饭一碗，干朗一盘，敬茶、酒各一杯，五龙水一碗，茶、盐、米混合物一碗（有的用小供祭祀——鸡蛋、鸭蛋各一个，猪肉一块）。敬过茶、酒，焚烧过黄钱、大锞后，祭师唱赞：

此为白族话，干朗为油炸米粉片。

皇天后土，天地神灵，兹有 ** 省 ** 县 ** 村村民 *** 择选 ** 年 ** 月 ** 日 ** 时为新居合龙，安放四灵神兽护宅吉日。

伏以日吉时良，天地开张，跪拜焚香，神灵临降，躬身拜请：东方凤凰、南方麟翔、西方神龟、北方龙王、中方瑞兽九天王，五王化一体，化身强聚宅气，驱魔镇邪，降吉纳福，赐财赐福德四灵王。镇宅保平安、如意，护佑宅主人丁兴旺，五世昌盛。

第二步：点血

待祭祀过瓦猫后，用公鸡冠血点猫眼、舌、额头后，师傅口念：

（左）祭瓦猫

（右）贡品

伏以

三拜九叩拜玄皇，九天请来金凤凰，

凰冠珠笔蘸天泉，天泉龙涎来开光。

一点龙眼观四海，二点龙门大吉昌，

三点龙头三星照，四灵附身赐吉祥。

第三步：安瓦猫

将准备好的吉利包（中有历书、毛笔、墨、茶、盐、米、祭过的银器一件），放在龙口，泼以稀饭，瓦猫由弟子扶拿，递送给祭师安放于龙口之上，祭师口念：

伏以拜请四灵王率五方神灵就位——一请东方甲乙木，儿孙代代食天禄，二请南方丙丁火，儿孙代代早登科；三请西方庚辛金，儿孙代代斗量金；四请北方壬癸水，儿孙代代大富贵；五请中方戊己土，昌盛连绵传万古。五方神灵卫四灵，吉祥如意享安宁。四灵镇予华居，左有青龙，右有白虎，前有朱雀，后有玄武。诸神拱卫，三羊开泰，八骏呈祥，龙盘虎踞，地久天长。

放于龙口处的物品（历书、毛笔、墨、玉、香）

至此，瓦猫安放完毕。以后每年除夕之夜，各家各自祭瓦猫，口念：

吉祥如意又一年，四灵神威统坤乾，

风调雨顺万事如意，

新年新岁昌盛平安！

此为年尾祭瓦猫。

此版本由北班榜村木匠赵鹤松口述，笔者整理而成。此仪式过程多为本村和邻近村使用

版本二

第一步：祭祀瓦猫

瓦猫一般被安放于瓦猫正屋的小厦上，主人家须用猪肉、鸡、三炷高香把瓦猫供起来，家里的老人、主人和小孩，都要向瓦猫磕头，祈求它的佑护。在北班榜村中，屋主还会请老斋奶到家里念经，内容为祈求家人平安等词句语。

也有用饭团、炸米粉皮、香、水供奉，所供奉之物有简化的趋势

第二步：安放瓦猫

木匠师傅往瓦猫肚子里放红布包裹着的枣子、瓜子、盐巴、米、茶、银圆（没有银圆，便用 5 分、1 元的人民币代替），瓦猫屁股处用一团红纸堵住。正脊龙口处放上篾子、葱、盐巴、茶叶、日历一本（木

安放瓦猫

安放瓦猫

匠师傅把竖房与合龙口的日期均用红笔勾画出来）、毛笔一支。待瓦猫安放在龙口以后，师傅拿掉红纸，意味着“吃铁拉金／银”。

卡瓦猫／合龙口时，师傅口念：

★★门宗（赵氏门宗），人合、意合、万事合，

从此今日合下五方后，

保佑主人大吉祥，

天无忌，

地无忌，

阴阳无忌，

百无忌，

万事大吉大利。

木匠师傅认为，卡瓦猫意在“卡五方”。五方是中国易经中的说法。在中国民间，人们把空间方位分为东南西北中五个方向，而这五个方向又有不同属性，东方属木，西方属金，南方属火，北方属水，而中属土，从五行相生相克来理解这些方位，从而又将其与人的运气、健康、福禄联系在一起，此为中国人的传统分类观念。

3. 瓦猫与文化逻辑

（1）瓦猫与“五方”

安放瓦猫又被称为“合五方”“卡五方”。在此需要结合建房中

（上）吊檩条上屋顶
（下）被红布包裹的中梁，两头各插一对小红旗

的竖房上梁这一过程来理解其深层含义。

建房中的竖房上梁这一过程，是指把已穿斗好的木架结构，竖立于地基之上，把柱子建在柱础上，然后把已做好的三架梁安置于柱子之上，而后再把作为正脊的横梁安放于三架梁之上的过程。这个过程在当地被称为“上喜梁”，中梁正中被事先贴好了红色的八卦图，八卦图的正中又用红线系一个宝瓶壶，壶中装有五谷、五子、五龙水，壶外还有用五色线捆扎好的一双筷子。村民们说，这是保佑家里人衣食无忧。也有人说，这是意味着快乐，因为村民为一栋房子苦了一辈子，一旦建起房子后，生活便幸福了。

（上）八卦与宝壶瓶之上的瓦猫
（下）中梁八卦与宝壶瓶

上梁过程为：首先，负责上梁的木匠师傅，用公鸡冠血点左右两边的梁头，口念：“左边点金龙头，右边点金龙尾，中间点八卦，一所高楼平地起，从此今日竖下后，竖起一栋万年桩。”参与竖房子的人架梯，木匠顺梯而上，口念：“一把楼梯十二台，上了一台又一台，一台更比一台高，左手抱的金玉柱，右手抱的银过梁。”随后师傅站于天桥上（即梁与枋的交接处），丢下绳索，并口念：“一步踏上天平桥，丢下一对锁，左边摇的金龙头，荣华富贵，右边摇的金龙尾，富贵荣华，摇摇摆，摆摆摇，摆摆摇摇上天堂，左边敲的金龙头，右边敲的金龙尾。”师傅把梁拉上屋顶安好后，开始浇水，口念：“左边浇的五龙水，中浇八卦，保佑主人大吉祥。”浇水完毕后，在梁头上插两对小旗子，一边一对。插旗子时，口念：“接得主人一对旗，左边插一对，右边插一双，双双要成对，对对要成双。”接着开始丢钱币（现在为分币），随之口念：“打开主人宝藏库，遍地撒金钱。”待撒完硬币后，便开始破五方（即指把事先准备好的馍馍向屋顶的五个方向扔出），顺序是东南西北中，并口念：“一打东方甲乙木，二打南方丙丁火，三打西方壬癸水，四打北方庚辛金，五打中央戊己土。”然后师傅喊主人家里来接馍馍，再边丢边念：“一上一平丹草，二上二次金光，三上三元吉利，四上四季发财，五上五子登科。”主人家站在中梁之下，然后用大围腰接住馍馍，尤其要接住前五个馍馍。

这里通常有不同的版本和念法，不同的师傅有不同的念法。另有：师傅开始朝着梁下丢馍馍，意思为破五方，口念：“主人来接宝，一接荣华富贵，二接寿比南山，三接亲戚平安，四接四代同堂，五接财源滚进，六接六畜繁旺。”总的来说，都是围绕着五方而展开的吉利话，当地人称为“四言八语”。

建房各程序中几乎都有关于“五”的数字，如上面提到，悬挂于中梁上的装有五龙水的宝壶瓶及系宝壶瓶的五色线。丢馍馍时师傅口念：“一打东方甲乙木，二打南方丙丁火，三打西方壬癸水，四打北方庚辛金，五打中央戊己土。”安放瓦猫中的一些细节，如“龙口处放置五谷（稻米、蚕豆、大豆、麦子、玉米）、五宝（笔、墨、银子、五谷、农历）”。卡瓦猫时师傅口念：“一请东方甲乙木，儿孙代代食天禄；二请南方丙丁火，儿孙代代早登科；三请西方庚辛金，儿孙代代斗量金；四请北方壬癸水，儿孙代代大富贵；五请中方戊己土，昌盛连绵传万古。”这些关于“五”的说法从某种程度上类比了“五方”。

“五方”是指五个方位，中国古人把地理空间分为五方：东、南、西、北、中，与之相对又把天空按照星宿的归属分为四宫，四宫又因每七颗星宿组成的图形而被称为四象，即青龙、白虎、朱雀、玄武。天与地的联系体现在东为青龙、南为朱雀、西为白虎、北为玄武的划分上。“五方”是中国人划分空间的一个逻辑范畴，它是人们追求空间有序性的一种表现。通过对五方的划分，人们就可以通过东、南、西、北、中这样的方向符号来定性事物所占空间的位置，以此追求事

破五方用的馍馍

物、人在空间中的有序位置。

建房过程中，村民还认为破土动工建房会对“土”和“木”造成损坏。因此，除了选利于破土的日子外，人们还在起工破土的过程中举行接送土器、木器的仪式，以此来弥补对土、木造成的损坏，由此祈愿建造之顺利，居于新居中的人平安。建造一栋房屋势必会对周围之环境造成影响，因此，村中也才有上梁时“破五方”并念吉利话之举。环境协调在于五方之协调，五行相生。因此“卡瓦猫 / 卡五方”，在某种意义上也意味着使五方居于正常的中心之周围，方位和谐，不缺损。

土器是指破土动工时挖出的一块泥巴，木器是指木匠从动工木料上削下的一小块木料

（2）瓦猫与“中心”

安放瓦猫的位置，表现出村民对“中心”的严格要求。从一栋三开间的二层房屋的空间布局和内部结构来看，居中一间被选为正屋，一楼作为客厅，二楼作为佛堂。正屋的中梁正中贴有八卦图，并悬挂宝壶瓶，而中梁正中之上的屋顶即为“龙口”——安放瓦猫处。在北班榜村中，瓦猫不仅被安放于正屋正脊的正中，而且照壁、门楣、偏

送木器

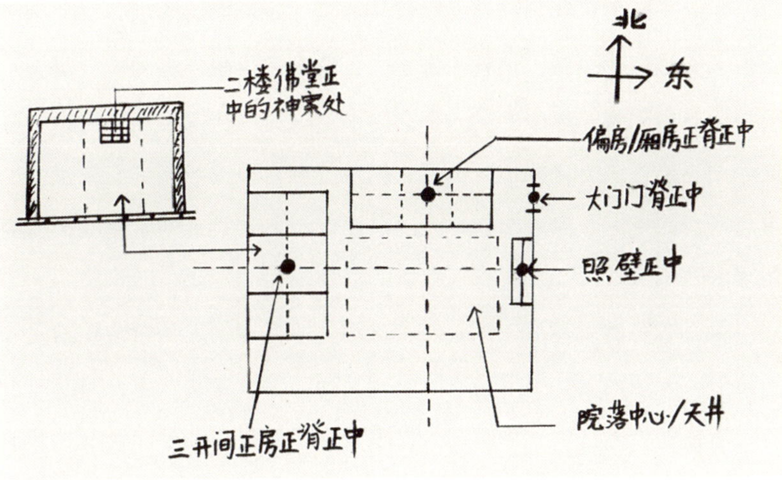

安放瓦猫的位置图（图中黑点表示瓦猫）来源：马佳手绘，2010 年 4 月

注：村中房屋的朝向多为坐西朝东（背靠西山），大门常开于院落的东北方向，大门之上一般建有门檐。

房、猪圈等建筑之上也安放有瓦猫，这些略显过度的随意行为，不仅不能用此地生产瓦猫，故“物产丰富”来解释，更不能用村民所说的“好看”来解释。台湾学者吕理政在对台湾地区厌胜物的田野调查中，发现他所认为的那些诸如瓦将军、石敢当、八卦牌、剑狮、白虎镜等空间厌胜物的摆放位置有一定规律可循。在北班榜村中，摆放瓦猫的位置除了“龙口”这一显而易见的事实外，还有基于整体上的考虑，大致如下：

屋顶上的瓦猫……位于正屋屋脊正中……佛堂 / 中堂之上方

照壁上的瓦猫……位于照壁正中，对于正屋正厅的大门之上前方……佛堂之前方

门楣上的瓦猫……位于门楣正中……佛堂之前方

厢房 / 猪圈 / 厨房上的瓦猫……位于屋脊正中……佛堂之“四方”

吕理政所发现：“屋宅厌胜物所在的位置，即家庭神案所在纵横的前方或是上前方，体现屋宅厌胜物所机密保护的是家宅的神圣中

心。”对于北班榜村的村民来说，一栋三开间的二层房屋，第二层的正中一间被用作中堂，也称作佛堂，主要用于供奉祖先牌位、观音、财神。一早一晚，家中的老人都会到佛堂敬香，祈求祖先、佛祖或是其他神灵的保佑。逢初一、十五，家中的老人会请老斋奶们来家中佛堂念经。佛堂对于家人而言是一块神圣之地，它关系到家庭成员的荣华富贵。

吕理政：《天、人、社会：试论中国传统的宇宙认知模型》，中央研究院民族学研究所，民国79年3月，87页。

中国人的房屋建筑空间，反映出居住于其中的人的宇宙观图式。人居于“天圆地方”的宇宙空间中，犹如居住于建筑之中，屋顶即为天，地基即为地。古代中国汉人居于黄河中游关中一带，并视其为国之中心地带。其东边，气候温暖，故木发于春，东方，土呈青色，与管理着天宫的四象相联系，称为左青龙；其南方，气候炎热多雨，土壤呈现出红色，故以火配南方，与四象相联称为南朱雀；其西，如西域之地，气候温凉，干燥少雨，土呈白色，故以金配秋季，称为右白虎；其北，气候寒冷，土质肥沃呈现黑色，故以水配冬季，与四象相配称为北玄武。而中原黄河流域中部，气候适中，土地为黄土，故以土配中央、仲夏和四季。当初黄帝和其子裔的生息之地，被称为“中

贴于中梁上的八卦图和悬挂于梁上的宝瓶壶

（左）二楼中堂
（右）在堂屋中拜祖

原、中土、中国”。宋代石介说：“天处乎上，地处乎下，居天地之中者曰中国，居天地之偏者曰四夷。四夷外，中国内也。”在中国人的观念中，居中显示出尊贵和威严，尚“中”是中国人对宇宙秩序的一种想象，是宇宙观的体现。瓦猫，从其摆放位置上来看，凸现出这种传统观念在汉族民间日常生活和相关仪式中的渗透。居于屋脊正中和处于各中轴线上的瓦猫，显得具有巨大的威力：能制伏一切妖魔鬼怪，守卫家宅。

转引于罗哲文、王振复主编：《中国建筑文化大观》，北京大学出版社，2001 年 1 月，第 11 页。

阴阳五行—五方—天干地支八卦相配图

阴阳	阳	阴	阳	阴	阳	阴	阳	阴	阳	阴
五行	木		火		土		金		水	
五方	东		南		中		西		北	
五季	春		夏		长夏或“四季”		秋		冬	
五色	青		赤		黄		白		黑	
十天干	甲	乙	丙	丁	戊	己	庚	辛	壬	癸
十二地支	寅	卯	午	巳	辰戌	丑未	申	酉	子	亥
十二属相	虎	兔	马	蛇	龙狗	牛羊	猴	鸡	鼠	猪
八卦	震	巽	离		艮	坤	乾	兑	坎	

来源：参考褚良才：《周易·风水·建筑》，学林出版社，2005 年 9 月，第 34 页。

(3) 瓦猫与“吉日”

无论是盖完屋顶瓦片之后的合龙口，还是房屋竣工以后的合龙口仪式，都要请师傅（风水先生）看日子。村民的看日子、挑日子，是指挑选一个好日子，就是中国传统文化意义上的“择吉日”。而这里的好日子、吉日子并非物理学意义上的时间，亦并非是自然本身，它实际上是由阴阳五行说，通过天干、地支、十二属相、二十八星宿等宇宙符号的操作而拟构的一个时间秩序系统。

在中国传统文化中，人的出生年、月、日、时均与十天干、十二地支相联系。十天干的提出，最早方便人们记日，分别用甲、乙、丙、丁、戊、己、庚、辛、壬、癸十个表示数字的汉字表示。而十二地支主要用于记年，因为一年有十二个月，分别为子、丑、寅、卯、辰、巳、午、未、申、酉、戌、亥，地支还用于记一天中的十二个时辰。后来，天干地支合用于记时、记日、记月、记年。最奇妙的是，十二地支根据阴阳所属，又配于十二种属相，进而又与人的属相联系。在这样一个庞杂而逐渐演化的时间分类系统中，人的生命周期以及人事行为的时间和程序都被纳入到人为的时间秩序之中。所谓的选择吉日办事，实为一种追求时间秩序的表现。

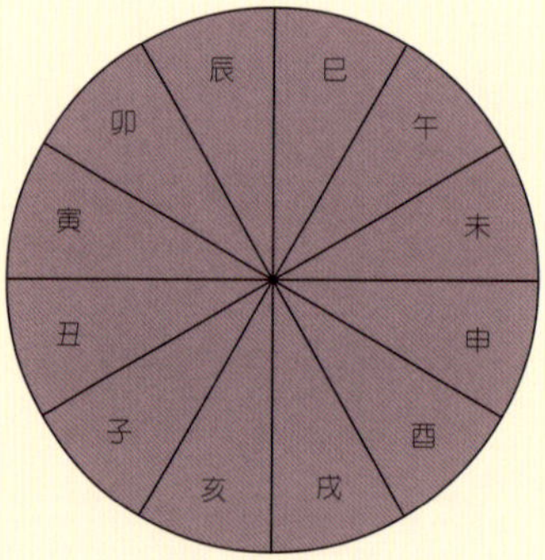

十二地支图
来源：刘道超、周荣益：《神秘的择吉：传统求吉心理及习俗研究》，广西人民出版社，2004 年 1 月，第 14 页。

从破土建房的第一个仪式——起工架马来看，计划建房的屋主请村中和邻近村中的风水师看日子，选择一个利于动土的日子，而且这一日子不能与物主的属相冲突。风水师手边有可查阅的资料，比如老皇历、万年历、风水术、《阳宅十书》等。以《阳宅十书》为例，书中记录了动工破土的吉日多为己巳、辛未、甲戌、乙亥、戊寅、己卯、壬午等等。这些日子只是一个参照物，另一些重要的因素，如屋主的生辰八字和属相也要考虑，时间上不冲犯是最主要的目的。建房如此，安放瓦猫依然要走这样的程序。所谓时间上的冲犯，主要是指从十二地支来看，有固定的两两相对的两组地支，比如，子午相冲、丑未相冲，诸如此类，屋主的生辰八字不能与安放瓦猫的时间相冲犯。

资料来源于赵屯村算命师傅游飞龙的关于择日的手写版书籍《阳宅十书》。

生辰八字是指一个人的出生年月日时，因为是用十天干十二干地支一一搭配来表示，所以为八个字。

在瓦猫居中安放的前提下，师傅还要考虑卡瓦猫时瓦猫的朝向问题，一方面考虑房屋的朝向，另一方面要考虑使屋主人具有的五行之属性与房屋朝向方位的属性相生，而非相克。比如，屋主属鸡，命为金命，那么对他来说西南方为最好的方向，因为从五行五方来看，土又为西南方，因为土生金，所以瓦猫的脸的朝向为西南方。在命相不被方位冲犯的情况之下，那么瓦猫安放的方向与正屋大门的朝向一致，其功能在于防止鬼怪和邪气由“口”进入家中。

人类学家基辛认为：所谓的宇宙观是一个民族对于世界的看法和假设——什么实体及力量控制了它，宇宙如何组成，人在世界之中有怎样的角色及地位。因此宇宙观不只是一个关于宇宙构成及生化成壞的理论，更可以之建构出人面对宇宙的态度，以及生活在这世界中的行动准则。古人云：“古往今来谓之宙，四方上下谓之宇。”宙为时间，宇为空间。时空有序相连形成宇宙，即宇宙在中国汉人的传统观念中被理解为时间与空间的有序格局。在中国人头脑中，宇宙由阴阳之气和合而成，且在并驱其中的五种元素对立与统一的力量推动之下有序运转。人们通过构建出关于时间和空间的宇宙符号来解释宇宙系

吕理政：《天、人、社会：试论中国传统的宇宙认知模型》，中央研究院民族学研究所，民国79年3月，第1页。

参见《淮南子·齐俗训》，转引于：于希贤：《中国传统地理学》，云南教育出版社，2002年10月，第75页。

统，从而使天（自然）、人、人事（人的行为）合而为一，成为一个有序之系统。正如吕理政学者认为的那样："（中国）传统宇宙观中的宇宙，被视为是自然现象及秩序的整体，而其核心则为最能彰显自然秩序的时空系统；根据阴阳五行说的论定，由时空系统所类比的自然万象，可以排比成秩序井然的阴阳五行名类系统；而其中同一名类的全组符号，如阴阳、五行、四象、五方、五色、四神、二十八宿、天干地支（十二生肖、六丁六甲）、八卦、太极等，其文字或图像，均在象征意义上被视为可以代表宇宙全体，而具有仪式性威力的宇宙符号……而操作这些符号所依据的，即是天人感应与天人合一的宇宙运作理念。"安放瓦猫的行为，目的在于把人为的事物及事件按照宇宙结构来运作、解释和建构，从而也使其宇宙观在概念上得到再现、强化和衍生。瓦猫是村民追求时间、空间与人事和谐的表征之物。

吕理政：《天、人、社会：试论中国传统的宇宙认知模型》，中央研究院民族学研究所，民国79年3月，第69页。

北班榜村的瓦猫实际上由一种"人为"的文化逻辑建构，这种文化逻辑之核心为阴阳五行宇宙解释系统和天人合一的宇宙运作理念形成的宇宙观。在村中，作为生计之一的砖瓦业，捏制与烧制瓦猫，建房习俗三者之间相互联系，构成了一个文化生态系统，该系统的良性运转构建了瓦猫的生存空间。

与鹤庆县北班榜村相比，昆明龙头街镇小窑村的瓦猫制作和使用情况就不是那么令人激动和乐观了。

三

来自影像：小窑村瓦猫的命运及拍摄

（一）小窑村的龙窑及艺人

小窑村位于昆明市盘龙区龙头街西北部，紧邻 2009 年 12 月份竣工的北部客运站，隶属于龙头街街道办事处的宝云社区。现有 100 多户，278 人。村民现已为无地之农民，依靠出租房屋、外出打工、做生意谋生。

未改区前为官渡区。

从村庄的名称便可略知小窑村与土陶的渊源。位于村子西北边的是被村中老人称为“大窑村”的瓦窑村。小窑村的村民绝大部分由瓦窑村搬迁而来。龙头街一带的土陶工艺有着悠久的历史，“明洪武年间昆明的制砖制瓦业和陶器生产集中在官渡区龙泉镇”。据记载：“明朝初年，军队在此驻扎烧制陶器，明末清初达到鼎盛，龙窑有十三家之多，每次出窑能到上万件。清末，佛教盛行，从而兴起层次更高的‘小绿窑’，烧制包括琉璃瓦在内的产品。瓦窑村所产的土陶产品大量外销，形成了早街集市，产生了大批能工巧匠，造就了众多民间土陶工艺精品。”

参见中国人民政治协商会议、昆明市官渡区委员会文史资料研究委员会编：《昆明官渡区文史资料选辑》，第五辑，1992 年，第 61~63 页。

此资料来源于盘龙区文化馆撰写的关于小窑村制陶工艺的一段历史介绍，贴于瓦猫艺人家中。

龙窑是我国最古老的陶器具烧制窑，因整个窑身依山傍丘，似一

小窑村局部图

条长龙自上而下，得其名。龙窑最底端为火膛，最高端为排烟孔。龙窑的长短依据山地的坡度而定，可以是 3 米、8 米、10 米不等。约至东汉时期，民间开始大规模地使用龙窑烧制瓷器，与早期的穴窑和升焰式方窑相比，龙窑有升温快、温度高、降温也快的优点，适合于烧制坯胎较薄、黏度较小的石灰釉瓷器，也因此，龙窑的使用成就了东汉青瓷烧制，而青瓷一直是中国陶瓷业的基础与核心。东汉后期，中国陶瓷业开始迅速成长，可以说，窑业从兴起到繁盛均不同程度地依赖烧制技艺的提高，这又与龙窑的使用和改进密切相连。中原汉族迁入云南后，尤其是在元、明时期，陶瓷制作技艺由迁入的能工巧匠们带入。也就在这段时期，云南生产的青花瓷器数量仅次于江西景德镇。考古资料显示，在云南建水、玉溪均发现了规模较大的龙窑窑址，其中玉溪发掘的 3 座龙窑中，1 号龙窑残长竟有 28.2 米，宽 1.6 米，足可见当时的烧制规模。云南的窑业有五大中心，分别为东部的曲靖、北部的东川（会泽）、西部的永北（永胜）、南部的建水以及中部的环湖区，如昆明的龙泉镇、玉溪华宁的碗窑村等。龙头街的龙窑有数

参见李昆生著:《云南艺术史》，昆明：云南教育出版社，2001 年，第 293 页、第 295 页。

石璋如调查、石磊编辑：《龙头一年：抗战时期昆明北郊的农村》，台北市：中研院史语所，民国 96 年，第 169 页。

龙窑

百年的传承。如今瓦窑村已无一座龙窑，小窑村中仅存有两座龙窑：一座由来自曲靖潦浒的张师傅承包，烧制腌菜罐、腌菜盖子、花盆、茶杯、调味罐等生活器物；一座由制作瓦猫的张云和弟弟张才承包，除生活器物外，还烧制用于镇宅的瓦猫和作为工艺品的瓦猫。龙窑大概有 10 米长，每隔 1 米，在窑身两侧各有一个对称的窑眼，用于添柴烧火。这算是一条比较大型的龙窑，张云说已经有一百多年的历史。2008 年 7 月，昆明市盘龙区人民政府把小窑村命名为“小窑村陶艺之乡文化保护区”，目的在于保护这两座活态的“文物”，并使烧制土陶制品的技艺得到保护与传承。

2008 年，小窑村被划入到昆明城中村改造范围之内。在第一期的改造中，张云家的老屋以每平方米 1900 元的价格被征用，在其地基上建起了一些厂房。原位于老屋后的一个坡面上的龙窑倒是依然保存着。制作瓦猫的地点从原来住房一楼搬到了龙窑背后的土墼房中。

瓦猫艺人张云，小窑村人，瓦猫制作的第四代传人。其祖辈从曲靖搬迁至瓦窑村，后搬移到小窑村，定居于此。从 13 岁起，跟父亲学习制作陶罐。其父也是制作瓦猫的能手。看着老辈人制作的瓦猫，比较好看，而且有趣，张云便开始学习制作工艺。也就是从那时起，开始了瓦猫制作。1999 年，父亲张庆山被命名为“云南民族民间美术师”。2008 年 6 月昆明市人民政府把张云命名为“昆明市非物质文化遗产传承人”。文化馆工作人员认为，之所以命名其为“非物质文化遗产传承人”，主要基于他本人制作土陶的技艺，尤其是制作土陶瓦猫的技艺。2010 年 10 月，张云因病去世，年仅 48 岁。现在，村中瓦猫的捏制者仅有张云的弟弟张才及父亲张庆山两人。

1999 年的民族民间艺人名单中因制作瓦猫而被命名为“云南民族民间美术师”的有：呈贡万树青（此人于 2005 年去世）、鹤庆部金福（此人 2006 年被评为云南省工艺美术大师）、官渡张庆山（此人为现在的瓦猫艺人张云的父亲，现已 63 岁。

与北班榜村中的瓦猫捏制相比，小窑村的瓦猫制作更多的是依托当地陶瓷烧造业，具有一定的土陶工艺传承性，技艺传承依赖于代与代之间的传授与学习。而在北班榜村中，瓦猫捏制依托的是当地的砖瓦业，瓦猫与砖瓦同时被作为建筑构件之一，它的形制特点反映出村民或是砖瓦工人们基于观念之上的“集体技艺”，凸现出手工艺最初的艺术魅力，也印证了手艺人的生活角色。它的传承是发散式的，可以在没有血缘、亲属关系的砖瓦工人间进行，就如同李远志与郜金福的师徒关系那样。如此也带来了造型各异、随意而为的创作方式特点，在虎形物的基础框架下，任由捏制者发挥想象力而创造自己心中的“瓦猫”。这种灵活应变性，在后期的市场刺激下，表现出其顽强的生命力。

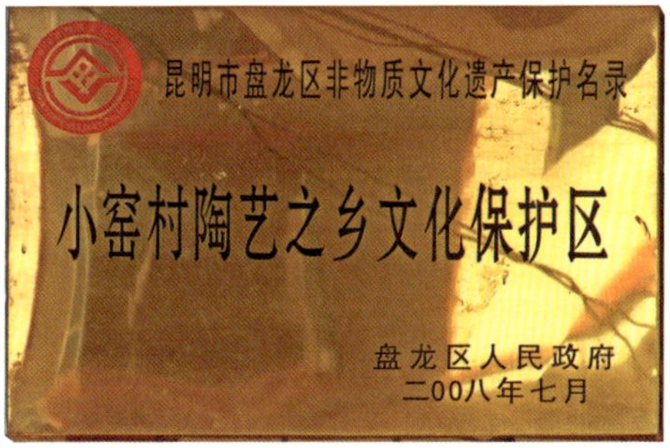

小窑村陶艺之乡文化保护区

张云制作的瓦猫

（二）张云与他的瓦猫制作

1. 搬迁制作瓦猫的作坊

2008 年 9 月，我第一次到张云家进行关于瓦猫制作使用的田野调查。当时，他与家人还住在老屋里，一栋于 2000 年竣工的三层楼房。一楼被作为制作瓦猫和其他土陶制品的作坊以及存放成品的仓库。和泥、用机器打泥的工序则是在天井中进行。时隔一年多，2009 年 12 月我再次到小窑村进行回访。一个重要的原因是从电视新闻、报刊、网络新闻中得知小窑村面临拆迁，唯一的两座龙窑可能被拆除，张云和家里人呼吁社会及相关部门能够保护龙窑，使瓦猫的制作手艺得以继续保存。此时，临近龙窑的一片平地上建起了三列三层高的新住宅，这是全村村民集资修建。

一年多未见，张师傅有些发福，皮肤更黑，头发间多了些白发，而同他一起制作瓦猫的妻子李玉兰也衰老了些，显得更加消瘦。

一日吃过中饭，张云与妻子忙着把放置在新屋一楼的转盘撬出，搬到与之相对的土墼房中，整个工艺作坊都搬移到这间低矮的，据说他老祖在时就已存在的老屋中。我们的对话就从这里开始。

小窑村村民新建的集资房

我：“为什么要搬，这里作为作坊不是更宽更方便吗？”

张：“是的，但是这栋房屋是我家三兄弟共同出钱修建的，现在要把它整栋出租，来租的人想把它装修为一个旅馆。北部客运站修好后，做旅店可能会赚钱吧。”

我：“那你们现在住在

哪里？”

张：“你看到没有，对面坡上那几列新修的楼房，顶头的那一栋三层的就是我现在的家。不过，一、二楼也要出租出去，留着三楼住就可以了。”

出租房屋，是城中村中无地农民的主要生计方式，尽管张云有龙窑，有手艺，但其主要的收入依然靠出租房屋。如他的妻子向我介绍的那样，制土陶制品，包括瓦猫在内，所得收入大约在2000~3000元间，仅够维持日常开支。

妻子李玉兰修整咖啡杯坯体

2. 制作瓦猫的原材料

2009 年 12 月 9 日，逢周三，为龙头街赶街之日。张云的父亲和后母在集市上占了一个摊位，把家中的腌菜罐、碗、茶杯、药罐还有儿子烧的瓦猫用竹筐挑到集市上销售。因为一时眼拙，我没找到他们的摊位。事后，我问老人销售情况，老人感叹：“如今买罐子的人少了，什么都是现成的，有几人还会腌制泡菜、萝卜干？你看街子上，随处都有卖腌菜的。这个东西（腌菜罐）已经不实用了。”当天，没有卖出一只瓦猫。

中午，张云妻子正忙着制作一家咖啡馆预定的 500 个咖啡杯，现在的人喜欢这种土陶制的咖啡杯。每个咖啡杯的定价为 2 元 5 角。张云妻子说，现在瓦猫用的人不多，烧出来也没人买，只有小型工艺品的瓦猫买的人倒还多些，所以，龙窑除了烧制工艺品瓦猫外，还烧制花盆、茶杯、腌菜罐等生活器物。可安放在屋顶上的中型瓦猫每个批发价为 20 元，而小型的作为工艺品的瓦猫，每个为 15 元。

（左）将车盘撬出，搬入老屋中
（右）揉泥

张云忙着制作腌菜罐盖子陶坯和放于两个腌菜罐盖子中间的“沙片”，即为“垫饼”，用于防止烧制生坯变形和黏坯。

我：“做这些罐子和瓦猫的土从哪里拉来？”

张：“五六年前从瓦窑村后山（大坡村）拉来的，共拉了 50 车，用去 4000 元。存放在龙窑右边的地里，堆成了好几座大土丘。剩下的还可以烧四五年，现在看来，如果窑被拆后，这些土可能用不完。”

我：“这些土还要与沙拌着使用？”

张：“嗯，是的。你看，龙窑旁边的小屋外，堆放着的那些便是黄沙。沙和土大致按照 1 ∶ 3 的比例拌在一起，制成陶泥。”

我：“陶泥拌好后，就可以使用了吗？”

张：“看到那台放在转盘旁边的机器没有？那是打泥机，现在拌好的泥需放到打泥机中，然后，才能打出有黏性的无空气在里面的优质陶泥。原来，和水后的泥要靠我两口子用脚踩，现在不用了。我的泥巴用得差不多了，过几日，就得拌泥、打泥，然后存放着使用，就像用塑料布盖着的那堆。”他抬手指给我看。

我：“那么，你烧窑用的柴又是从哪里买来的？堆在哪里？”

张：“烧龙头窑只能用松木烧制，我从晋宁买到的松木，400 元一吨，当时烧一窑需要一吨半的松木。松木堆放在我老房子右边的杂物堆那里，用塑料布盖着。制作的材料都不是问题，昆明没有了，我可以去其他地方买，但是，没有了龙窑，我就无法再烧了。人家说，可以改烧煤气窑，但是煤气窑温度达不到，烧不透。还有，现在的新家中，没有地方可以摆放煤气窑。”

做好的咖啡杯，阴干一段时间后，就放到事先拌好的釉料中，一蘸一转，然后提起，即可。张云妻子的动作异常熟练。这就是“上釉”工序。

我想起了一段诗人的话：“……这是师傅搞不懂的事，也是他从来没有想到的事，不是手艺人失去了手艺，而是手艺炉火纯青的手艺人发现他的手艺失去了存在的价值，再也不能谋生，无用了。”

于坚：《丽江后面》，云南人民出版社，2002 年第 2 版，第 117 页。

3. 拉坯成型与粘接瓦猫

区别于北班榜村捏制瓦猫的“手塑成型术”，张云的瓦猫制作为“快轮拉坯成型术”，这是一种很考验手艺人手腕部灵活性与“手感”的活路，练就这样的本领，靠的是时间的积淀，手感的增强。陶土在

运沙、制陶泥

艺人手中，犹如变魔术一样，呈现出各种所需形状。这个过程，对于观者来说，是一种享受。

制作一只瓦猫有如下四个步骤。首先，用拉坯法制作出瓦猫的罐状身子和头部。把早已揉捏均匀的陶泥分成大小同等的坨状泥块，一泥块放在快轮上，不到 3 分钟的时间，便可“车”出一个类似于小型腌菜罐的瓦猫身子，圆底酒瓶状的头部及筒瓦底座。做好的身子和头部需要晾干。张师傅通常是在头天下午制作，待晾干后，第二天再黏结瓦猫身躯、头部和四肢。第二步，黏结瓦猫身子和头部，黏结时，使用的“黏合剂”为拌好的“泥浆”，用木片把泥浆涂抹在作为颈部的罐子开口处，或是直接在头部开口处蘸泥浆，然后黏结。第三步，用陶土制作出瓦猫的耳朵、眼睛、眼皮、鼻子，分别并贴于瓦猫脸上。用笔筒摁出瓦猫眼珠上的瞳孔，用小刀抠出瓦猫的大嘴。这是一个经验活，两刀下去，再用刀一挖，一张大嘴便出现在眼前。继而制作出瓦猫的舌头和牙齿，粘于嘴壳处。第四步，把瓦猫的罐状身子与筒瓦底座相连接，然后捏出圆条状四肢，分别粘贴于瓦猫身躯和底座上，在身躯底部转出一个小圆洞，作为瓦猫的屁股，这才能“吞金纳银”“招

（从左至右）
制瓦猫的下眼皮
贴下眼皮
制作瓦猫眼珠
制作八卦
黏结八卦
已部分制作完成的瓦猫坯体

财进宝”。最后，粘贴尾巴，用刀刻出瓦猫的爪子。半个小时，即可粘出一只瓦猫。晾干后的瓦猫，经过上釉，再稍微晾干便可以入窑烧制。

张云说老一辈人制作的瓦猫（所指时间是在 20 年以前），比起现在的瓦猫，造型上更简单。以前的瓦猫没有眼皮，只有两颗圆球状的眼睛；其次，没有成型的胡须，只是用刀在脸上划出几个痕迹而已；再有，老辈人制作的瓦猫，只有 4 颗牙齿，而现在他制作的有六颗牙齿，意味着瓦猫张嘴幅度更大，这才更显得“凶”。张云的弟弟张才告诉我，制作瓦猫没有固定的模式，怎么做都行，最主要是瓦猫的大嘴，越大越好。这样看上去就雄实、威武。民间使用的辟邪镇物如吞口、瓦猫等多夸大其面目狰狞的一面，并认为只有这样才能吓住一切妖魔鬼怪。因此，这些镇物的造型上多突出“凶”“恶”“怪”的特点。

张云告诉我，老一辈人制作的瓦猫腰的两边有“鱼鳞”状的花纹，并呈现出对称状。我问：“为什么要有这些花纹？”张师傅说：“鱼鳞就好比瓦猫的衣服。”她的爱人补充说道：“那些来买瓦猫的人，都说请一位，鱼鳞就类似于大将军身穿的铠甲，很雄气”。这使我想起台湾学者吕理政所说的某地区安放于屋脊上的镇宅器物，被当地人

张云制作的瓦猫

瓦猫的头部与躯干坯体

称为“瓦将军”。我以为，这个鱼鳞可能更像京剧中武生们肩头插着的令箭，要有一定身份的人物才能佩戴。镇物形制虽有差异，但辟邪和镇宅功能却是一致的，因此，围绕这个功能而来的造型上也略有共同特点。

张师傅的瓦猫的确做得很有特色，更重要的是，影响一个艺人发展的关键因素，如从生活中找灵感、有丰富的想象力和创造力、能不断改变陶艺的造型等等，这些张云师傅都具有。我看了他早年的作品，那时因为作坊就在住家的一楼，有时间琢磨造型，比如边看电视边想边做，更重要的是生活比较稳定，没有拆迁、窑被拆等事的困扰，因此那些作品是相当出色的，而现在他感叹一些作品已无法做出了。

2009 年 12 月 18 日，需要补拍制作瓦猫的镜头及人物特写、面部表情。当我打开脚架，放于屋外的小路上时，一位老奶奶上前问话：“是不是这里也要拆？什么时候拆？”已是第三次有人这样问我了。在村中，拆迁一事成为村民每日议论的话题，一种居无定所的心态充斥在村民的日常生活之中。张师傅告诉我，因为城中村拆迁，直接影响到瓦猫和酱菜罐的销售。安放一只瓦猫的仪式需要 1000 元到几千元不等，在不知道房屋是否搬迁的情况下，村民不会轻易安放瓦猫，如果房屋被拆，那么安放瓦猫用去的 1 千多元也就打了水漂。房屋搬迁，说搬就搬，早上给钱，下午就拆房，有谁还来买酱菜罐置于家中呢？更重要的是因为自己窑的去存问题，他三个月都不敢接订单了，因为一旦接了订单，窑被拆，烧不出瓦猫，那么是要赔违约金的。两个月来，他只接到零散的要货电话。

补拍“车”瓦猫身子时，负责村中卫生的一名管理人员走进作坊。我不知道会发生什么，但预感这可能是与拆迁有关，于是把镜头对准这名管理人员。原来此人是为老屋外堆放的烧柴而来。时逢昆明创卫活动的开展，城管人员对周边环境的管理和监督力度加大。管理人员说：“你们家派个人把堆在外面的柴、砖之类的东西扒平掉，卫生大检查，这几天才开始，所以全部人都出来整这个事情。你们整嘛！整完后马上安排一个人，把那些下脚料（柴之类的）收干净，把砖头顺着铺起来就可以了，你们周边的环境再整理一下，我们可以理解你家是个窑厂，但是他们不清楚。”于是张师傅忙完手中的活后，开始与全家讨论柴的问题，那么多柴不让放在外面，那能放在哪里？最后，张云父亲再次与管理人员商讨后，敲定了解决方法，用塑料布遮盖。父亲去买塑料布，张云和弟弟依然做着腌菜罐盖子和瓦猫。张云说：“唉，三天两头就来检查……”弟弟张才说：“唉，怕是做不了几日了，一旦窑也被拆……”

瓦猫的圆罐状头部与身体被不断“车”出，动作熟练而完美，随后是圆柱状的底座。从痴迷状态中缓过神来，我不禁问道：“如果龙窑被拆后，你们又去做什么？”张：“拆掉就拆了嘛，土地不是自家的，是国家的，连自己家的房子都保不住，还……”张的妻子李说：“去打工、搞卫生、搞绿化啊这些的。”张说：“嗯，你说说，有多少地给你去扫！”李说：“那你就接着去烧……”快轮的声音有节奏地响着，打破了拉坯的宁静。

北部客运站即将竣工，到村中租房屋的人来来往往，络绎不绝。张云的妻子不得不停下手中上釉的活路，领着求租者看房。这些求租者大多来自省外和其他地州，每每问房时，他们都很好奇张云手头的“瓦猫”，并对此进行一些询问：“这是什么？做什么用？卖多少钱？”张云也都一一回答。有一个人竟然提出想专业化生产，张云没有回答。

无论是工作还是生存，人都需要一个环境氛围。被命名为“昆明市非物质文化遗产传承人”的张云显然不能靠自己的手艺丰衣足食，而主流社会还在要求他创作更多更美的作品。但是，如日本民艺大师柳宗悦所说：“工艺之美来自于生活，立足于生活而制作的工艺才是美的。”所谓的技艺传承者们也仅仅是生活中的一员而已。整个技艺根植于他们的生活中，成为他们生活方式的一个部分。剥离了生活趣味的工艺反而会成为人的“劳动负担”，成为“精神之累”。有多少人真正思考过，拆迁究竟意味着什么？不仅仅是一栋房屋被推翻被推倒。聚落的形成，不是靠政令，靠规划，它是一个文化圈的形成过程。这个文化圈的形成，是一个群体经过多年磨合和共融的一个过程。在这个圈中，文化形成了一个良性运作的系统，就如同北班榜村的瓦猫所处的文化系统，而这样一个系统是被整合在聚落群体成员的观念之中，这是文化生命力所在。系统的某一局部被外力强行移出，那么意味着整个系统的瘫痪，据此形成的民俗也将荡然无存。城中村改造中，大量老式砖瓦结构的房屋被拆除，新式房屋上没有瓦猫立足之地。更为重要的原因是拆迁的不稳定性，使人们不敢轻易安放瓦猫，因为安放一个瓦猫除去购买费用外，占大头的为请师傅的费用。瓦猫一旦安放好，便不再移动。由此，瓦猫的使用者也正在逐渐减少。

“民艺首先是生活，没有生活就没有民艺，民艺学的研究不仅仅是追求那些因时代变迁而已经失落的东西，更应以活的姿态去看待它。”对于非物质文化遗产保护需要有这样的认识，不能为了保护而把遗产从传承人的生活中抽离出来，使其享受博物馆藏品的高贵，却也僵死在被研究中。更不能不关注普通而且鲜活的传承人。

杭间著：《手艺的思想》山东画报出版社，2001 年 5 月第一版，第 30 页。

4. 装窑和烧窑

待瓦猫生坯被晾干后，便可以放入龙窑中烧制。

张云和弟弟把晾干的中型瓦猫生坯从作坊中挑出，放于龙窑窑仓门外的空地上，然后爬进窑仓门装瓦猫。张云妻子和弟弟的妻子负责在窑门处把瓦猫递入。窑仓门能容一个成年人蹲着进出。在张云装中型瓦猫的同时，妻子把小型瓦猫放于匣钵中，两个匣钵倒扣在一起，形成一个密闭的整体，中间用垫饼隔开。匣钵被挨个码放于龙窑中。

挑到窑前待装窑的瓦猫

中型瓦猫放于每一列倒扣的匣钵底部上。一列匣钵共码放6只小型瓦猫和1只大中型瓦猫。龙窑窑仓只有或蹲或坐于地上的一人高度，张云和弟弟张才要么半蹲着，要么直接坐于龙窑内，码放着待烧品。这是考验人耐力的活，一蹲一坐便是一下午。因为拍摄，我蹲在窑中有半小时，实在觉得难受。装窑的活儿，视装窑的数量，大概需要2~3天的时间。待满窑后，把所有的窑仓门用废弃的砖和泥浆封闭。然后就可点火，烧窑。

（上）张云的兄弟张才装窑
（下）投柴烧火

点火烧窑，从头天晚上六点开始，已烧了一整晚。张云睡在作坊中，每隔一段时间便出去看看，钩钩火膛眼上的灰，添加煤块。第二天，当我赶到张云家里时，已是下午两点，从窑仓门上端的窑眼中投入松木，增加火力，提高温度的“烧火”已经开始。张云和妻子负责龙窑右侧的窑眼，而弟弟和妻子负责与之对称的左侧的窑眼。柴被不断投入到窑眼中，当窑眼中的火光发白发亮时，意味着放置于此段中的土窑制品已烧化，那么便可以接着把柴投入下一个窑眼。我听到张云对弟弟和弟媳说：“可以了，烧下一个窑眼。”张云的哥哥张强出

现在龙窑边上，寻问满窑情况和烧窑时间，偶尔帮忙烧火。张强已经18年没有从事土陶制作了。18年前的他，是这方面的能手，在家中帮父亲烧制土陶制品，瓦猫也能制作。当土陶制品不

太好销的趋势刚出现时，他离开了家，到造纸厂打工，随后做生意，最后，在街子上卖猪肉，以此谋生。

如此程序在火光、噼啪声、喊声、谈话声中按部就班地进行着。龙窑共有 10 个窑眼，烧火所耗时间，随着空间位置从头到尾部的变动越来越慢，最后三窑眼花去了约两个小时。当最后一眼烧完后，已是晚上九点左右。六点半，在烧火的同时，云南电视台都市条形码《封面》栏目，正播放着张云和瓦猫制作一事。片子结尾处话外音响起："北部客运站的修建虽然暂时不会影响到龙窑和张云的作坊，但今后的城中村改造必将涉及瓦猫制作工房的留存，这让张云实在有点不安。"画面中张云说道："路都修到面前了，政府要强行占了就不管它了，这些失传么心里肯定是不舒服的。"

在我的片子的结尾处，我用到张云烧火时的人物特写和火光，同时配上他制作瓦猫和烧窑时与我说的几句话，将它们剪接在一起："窑么就是说，国家能够保护起来么更好，保护起来了么，整个公园在里面，如果有学生来学着做么，我可以在里面教教人家做，瓦猫咋个做，留传下来么，也可以讲给人家听听，这个也就是老昆明的历史了。"

（上）出窑
（下）出窑后待从匣钵中取出的瓦猫

5. 出窑和销售

从窑中取出的瓦猫被

坐在老屋制陶处的张云师傅

一一堆放在窑边的坡地上，然后用挑箩挑回家中存放，因而家变成了销售瓦猫的地点之一，尤其针对那些上门订货的买主。也有部分购买者听了媒体报道的消息后慕名而来，顺便购得一两只瓦猫。出窑时，两个匣钵的口是黏结在一起的，中间扣放着小型瓦猫，需要用刀背轻轻叩击粘接处，使匣钵分离，而后取出瓦猫。叮叮当当的敲击声常引来路人和村民的观望，前者会在看到取出瓦猫那一时刻，惊叹于各种形状的小型瓦猫；而已较熟悉情况的后者会与窑主寒暄问好或是询问瓦猫的出窑数量。

出窑当日，两个中年男，因为看到《封面》栏目播放的瓦猫一事，驱车来到窑上，谈到很早前就听说过这里（指张云）制作瓦猫，现在听说窑要被拆了，于是想赶快购买几个放于家中做收藏，或是赠送给朋友。两人在刚出窑的瓦猫堆里找寻自己喜欢的样式，而后开始讨价还价，最后以 80 元一只的价格买走四只中型瓦猫。下午，有两人来张师傅家中购瓦猫，并谈到了拆窑和搬迁一事。我拍摄了整个购买过程，令我没想到的是，这一部分在我的片子中起到了重要的作用。它让人们可以知道，不久龙窑可能被拆，并可以从中看到，有一部分人也同样关心着龙窑及瓦猫的留存问题，如果能有更多的人有这样的认识，那么加入保护行列中的力量就会越来越大。

省文化厅和市文化馆相关部门的人员常会组织市区民间工艺制作者参加展出、销售等活动，让更多的民众了解这些工艺品，也为手工艺品的销售提供一些渠道。《瓦猫》一片正在剪辑中，张师傅打电话来，谈到区里让他们去城区的某街道上认一个摊位，过年期间让他们这些文化传承人免费摆摊，为期一个月。但因为家里和作坊里的活儿丢不下，他打算去两三天，初步定为初二、初三。我说，这样挺好。临了，他说这几日瓦猫生意很好，我替他感到高兴。

（三）张师傅的离世

拍摄结束后，进入到后期的剪辑。2010 年 4 月的某一天，《瓦猫》在学校放映，我邀请张师傅和他的爱人及弟弟前来观看，可是很不巧，那天晚上，他们忙于烧火而走不开。5 月，与张师傅通电话，他的妻

张云制作的其他陶器

子李玉兰接电话，说起了张师傅近段时间身体不太好，高血压，头痛，在附近的医院输液治疗。9 月，听说张师傅病情稍稳定。12 月我回到昆明，想把那段时间拍摄的照片及瓦猫的片子送给张师傅，却从他妻子口中意外得知张师傅去世的消息。2010 年 10 月 2 日，张师傅因急性脑出血，送医院后，抢救无效离世。

张云唯一的儿子没有继承父亲的手艺，主要是毫无兴趣，张师傅也没强迫儿子学习这门手艺。他曾说过，没有兴趣也吃不了苦，做几日，便走人了。他说，只要有人愿意来学，喜欢这个（瓦猫），他便可以教。只是说，现在做这个东西，一是挣不了多少钱，二是做这个活路，有些苦。曾经有几个人来学习了几日后，便走了。

庆幸的是，张云的弟弟张才也会制作瓦猫，这种手艺还有继承人，还有传承的希望。现如今，弟弟除了出门帮人念经做法事外，便在家中制作瓦猫。

（四）《瓦猫》的拍摄及思考

在对小窑村瓦猫艺人及其制作瓦猫的调查中，我用摄像机记录下瓦猫制作的工艺流程、张云一家的生活场景及面对拆迁一事的态度。进而计划拍摄剪辑一部反映瓦猫制作者生活片段的纪录片，从这部片子，可以观看瓦猫的制作过程，并思考是什么样的因素影响到瓦猫制作者的命运。让观者和更多的人看到民族民间工艺，以及那些被命名为非物质文化遗产的工艺持有者、非物质文化传承人的现状及影响他们生活的一些因素。在我的调查和拍摄中，我思考了一些问题，而这些问题，最终呈现在《瓦猫》这一纪录片中。

盘龙区文化馆位于文明街 11 号，文明街外的景星花鸟市场周围的道路被划入了城市改造范围内。文化馆所在的房子因为是历史文物的原因，有幸被保存下来。那天采访了馆里的研究员，事后，围着马家大院逛了一圈。文化馆除负责处理盘龙区各社区中的文化普查、管理及各种文化事项的管理外，还肩负

一个重要的工作，那就是对管辖区中的非物质文化遗产进行普查、建档、管理，尤其是对传承人的管理。而这样的工作在面对强势拆迁时，只能是螳臂当车了。研究人员一谈起这些事，总是沉默以对，继而落脚为一处：我们也很难，力量有限，最终在于我们国家尚“没有非物质文化遗产的保护法”。负责人告诉我，他们目前能做的是，请专家来鉴定“龙窑”的历史，以此把它放于“文物”的角度下来保护，然后也才能保护好制作瓦猫及其他土陶制品的场地。而这一套程序从申报到调查到审批都需要时间。

2011 年 6 月 1 日，《中华人民共和国非物质文化遗产法》实施

（上）老屋
（下）老屋中的制陶处

龙窑的拆与不拆，只是个事实的两个必然结果。因此，这个答案对我不重要。要为小窑村龙窑的存亡兴衰求解，我不堪重负，留给我的是那挥之不去的悲观……

我的悲观来源于我一个月的调查和拍摄，与同一个非遗传承人及其家人的近距离接触。我只能说，在这短短的时间里，有一个尖锐的问题时时出现。国家的非物质文化遗产保护被两种不好的因素和权威支配着，一个是来自官方的管理、保护，一个是来自学者的学术研究，没有实地调查而只是一味地大喊口号，或是跟着官方“一个鼻孔出气”。可以说非物质文化遗产保护的这两个现状与趋势，一个是“官方化”，一个是“理论化”，而这两者的要害在于没有立足于实际，没有立足于技艺传承人，更没有立足于文化意义符号持有者。民众的不理解，非遗保护区民众对自己文化的认识，令我痛心疾首。真正理解了那句“文化自觉”四个字的良苦用心。

与非物质文化遗产传承人打交道的文化馆工作人员、学者，因为自己的工作、自己的研究，故而能投入一些时间与精力来管理和调查，但若干天后，那几个人走了，留下的是几张纸制的奖状、一些挂在墙上的牌子；媒体寻找新闻，隔三岔五地派记者采访，一阵折腾后，人走了，报道事件和人物的报纸被看到了、被保留了；好心的观者，在时间允许的情况下，来看看传承人的技艺，赞叹之余，便是痛心，购买传承人的作品时却难免讨价还价一番。

当所有这一切结束以后，剩下的是传承人及他们的邻居、村子中的其他民众，抬头不见低头见的老乡。生活似乎又恢复了平静。一边是高高在上的奖状，一边是村民的不解和漠不关心，即使有所关注，也在赚钱多少方面。

非物质文化传承人其实是很脆弱和无助的一个群体，他们有的甚至不知道自己所做之事的价值何在。听命于官员们的忽悠，听命于学者的理论研究之目的。当他们发现自己所持文化能够给自己增添经济价值时，他们看到了非遗的价值所在。但学者认为，这很危险，是使非遗变质低俗化的一个途径。然而，仔细想来，在非遗这一概念未出现之前，这些东西本来就是维持生计的一种手段，仅此而已。

你如何用你的知识去改变这一类人的命运？如何让他们能够“文化自觉”？在自己的生活、家庭、居住都面临困难的情况下，在全村村民都不理解的情况之下，非遗的传承人该怎么办？他们该求助于谁？是谁给了他们这些名誉？是谁在给他们希望之后，又领他们走入沼泽？领导视察后，握着传承人的手称赞他们的伟大，他们技艺的精湛。在传承人还没缓过神，或还没有进入到配合状态的时候，领导们已坐车离开了。在这样一个物欲横流的社会中，传承人中已经没有给一张纸或是给一句话就能意志坚定地支撑着完成国家之伟大任务的英雄人物了。

外国人到来，传承人拿出自己最好的作品，令我们远道而来的外宾摸不着头脑的是作品大多表现了“女阴崇拜”“男根崇拜”的内容。一个研究宗教的人士，异常兴奋，我猜想是他预设的某些理论假设在这些作品中得到了证实。请注意，云南人不是骑着大象满街跑的原始土著，不是人人都会跳孔雀舞，更不是身着民族服饰高歌“远方的客人请你留下来”的舞者。

前期调查中我一直没有拍张云的珍藏品，因为我觉得十分“难堪”，并不是我“封建”“保守”“没见过世面”。因为单凭我与张师傅的接触，我觉得这些作品的造型绝对是有来源的，里面肯定有一个个故事。我推测，这绝对是受到某人或某个事件的影响。在拍摄后期，我在一段画面中找到了一点线索，这种造型跟一个姓李的人有关。而且这个人有一些来历，曾指导过他们捏制陶器。

影响传承人的因素，没有如一部分人想得那么单一化，经济、舆论等太多的复杂因素，道德、教育、习俗、情理、情面、友谊、亲情……太多太多。因为传承人是和你我一样的普通人，他们的文化来源于生活实践。在这种情况下，面对作品的“变质”我们究竟应该把原因归到谁身上，商人？消费者？传承人？最根本的，所谓的“变质”是什么？回到那个鸡生蛋蛋生鸡的无法论证的先验命题中，其逻辑错误在于，在没有非遗的提出，没有被命名为传承人之前，这些作为文化部分的艺术品早已与生产者联系在一起，它的变是自然的，是正常的。值得思考的是：变质的标准是什么？是传统的还是现代的，这个传统与现代的结构的转接点在哪里？

调查中，我没有干预张师傅做任何事，我也没有用我的观点去说服他做什么事情，甚至在他误解了非遗是什么的时候，我只是呆呆站在一边看着，听着。不是我不想说，而是我不知道该怎么说。然而，我只是一个人而已，我做不到没有感情，做不到不发表我的意见。我希望得到原谅，原谅我打扰张师傅的生活，原谅我的“居心叵测”。我的力量真的很渺小，但我没有放弃，尽管有时并不能得到文化持有者的理解，我也可能就是我鄙视的那类报告者和研究者中的一员。

四

瓦猫的生存空间

（一）作为建筑构件的瓦猫

北班榜村的瓦猫一为“合龙口”之用，作为一种建筑构件，另为辟邪纳吉。辟邪又表现为两个方面：一个为宏观层面上追求时空有序，体现在瓦猫居中安放和卡五方之说；第二个层面，作为除去外物，比如房屋大门外迎着的路口、与自家屋子相对的屋角、正对屋外的水塘等破坏和谐之气的辟邪物，其功能凸现出强烈的功利性。而对于后一层面，使用家数较少。从较为常见的第二个版本的安放仪式来看，瓦猫安放较为随意，有些情况下，待屋顶瓦片铺设完毕后，瓦猫便由泥瓦匠师傅直接安放即可，更无仪式可言。邻近村庄，购买并使用瓦猫的主要目的依然在于把其作为“合龙口”的建筑构件。随着滇西北旅游业的发展，这些区域的经济情况也有了明显的提高，地产业处于红火的开发中，各类工程修建需要的原材料也相应增多。尤其是丽江一地，仿古类建筑增多，对青砖青瓦、千板、古丁、反复莲等古式建材的需求量也有所增加。丽江一地的砖瓦等材料销售集中在金山转盘周边一带，该地的建材货源地大多为映红桥边的砖瓦窑，半月或一个月进货一次，生意较好时，只要有订单，便到窑上取货，一并购买一些

北班榜村中较老式样的瓦猫

老式样瓦猫

瓦猫。各种大型、中型的瓦猫，一次进货，捎带着买上 20~40 只不等，也有买上百只的。一栋栋豪华别墅的出现，为大型瓦猫的销售提供了条件。据安放者介绍，大型瓦猫比较气派，与自己的房屋较搭配。中型瓦猫，即普通传统的瓦猫，配搭传统房屋住宅。因此，传统瓦猫的市场主要还是鹤庆、丽江两地各城郊和村落。如果说，安放大型和中型瓦猫于这些地方的住宅建筑之上的行为背后还有那么一层“追求时

新式住宅屋顶上瓦猫

空有序”和“驱邪纳吉”的文化逻辑，而安放于旅游目的地以及各类步行街街边建筑物上的瓦猫，其“装饰”功能取代了“镇宅”功能，其“美观”的外形，取代了信仰层面上的随意造型，使用背后的文化逻辑已或多或少地消失了，随着外来文化的传播与冲击，瓦猫被赋予了新的文化含义，衍生出新的文化逻辑。

小窑村瓦猫的使用，目的仅在于第二层面，即“驱邪镇宅，减少灾祸”，当房屋对着路口，住宅正对着他人房屋的屋角、房屋大门对着他人的大门口，如果家中屡屡出事，比如火灾、盗窃、屋主生病等，便请风水先生或是司娘、神婆前来观察，分析出问题所在，然后再购买（一般称为“请”）一只瓦猫，而后，由他们择日、择方位安放。有趣的是，请与安放须视不同情况选择秘密或是公开进行。如两屋大门相对，那么一方安放瓦猫，便秘密进行。据说，一家安放了瓦猫，那么邪气便跑到对面人家中，因此，对面人家中也常安放一只瓦猫。如果一家安放的瓦猫，影响到另一家人，比如屋主家中不顺等，在闹矛盾的情况下，其中一家会在正对另一家的房屋大门处，安放一个土罐，罐口对着瓦猫。张师傅曾告诉我，这就意味着把对方的瓦猫“煮”了，意味着用“土罐治住了瓦猫”。总之，区别于建筑构件的用途，小窑村瓦猫使用表现出一种人为的主动性和功利性，但其背后的深层含义，仍然是一种“追求时、空、人三者和谐”的文化逻辑。随着城市规模不断扩大，昔日所谓的某乡、某村已不再名副其实，城中村改造工程的进行，使村庄在政令与规划中消失，城市文化逐渐侵吞了乡土气息。在整齐的城市布局中，龙窑简陋、粗糙的外表显得碍眼、不伦不类。部分村民搬入了城市中的回迁房，大门一关，互不关心。瓦猫失去了安放之地，更重要的是使用它的观念也逐渐消失。

工艺品商店一角落

（二）作为工艺品的瓦猫

在北班榜村中观察那些“幸存”下来放于屋脊正中的老式瓦猫，其造型特点有别于现在安放的瓦猫。尽管大的骨架并没有改变，即瓦猫仍然由两大部分组成：底座和底座上的虎形物。但是瓦猫的筒状身躯和头部有很大变化，尤其是瓦猫的头部。老式瓦猫，身子更长而且大，头部呈圆球形，更接近于真实老虎的头部，立体感与写实性更强。而现在的瓦猫头部突出为一个呈圆盘状的大嘴，嘴大张着成为鹤庆瓦猫区别于其他地方瓦猫的一个重要特征。大嘴之上的眼睛，鼓而外突，鼻子朝天。这一变化，使得村中上了年纪的老人认为现在捏制的瓦猫更像是当地人称的癞蛤蟆，于是他们也称这样的嘴为蛤蟆嘴。他们认为现在的瓦猫什么都不像（不像老虎），在他们的传统观念里瓦猫就是老虎。以前的瓦猫看上去又凶又恶，而现在的瓦猫很是“难看”。

在村中，一开始捏制瓦猫并不是什么技术活，没有专门的捏制者。手巧的村民，在有瓦泥的田里或是在队里的窑上抓起一块泥巴，想象着就能捏制出一只瓦猫。瓦窑上的师傅也是业余捏制瓦猫的人，在那

作为工艺品出售的瓦猫

个物资匮乏的年代，瓦猫可以换来一些额外的“补充”，一只鸡、一包土烟或是其他什么东西。那时的瓦猫更是一种凸现亲情和友情的“礼物”。于是，师傅们凭借着想象力和模仿力，捏制出各自的瓦猫式样，如果此次发明的式样较好，便会被后来者相继模仿。这样一来，每个瓦猫都融入了捏制者自己的想象力和情感。可以说老式瓦猫的造型带有更多的夸张和随意性。但新老瓦猫造型中，依然存有“虎”形元素。安放于屋脊上的瓦猫，其功能通过“合龙口”的空间位置和时间体现出来，即追求时空上的和谐秩序，这才是重要的目的，而并不是追求形制上的“美化”。造型的随意性反而使人们更关注于瓦猫的功能，仅把其看作是一种符号。换而言之，瓦猫的符号价值促成了其造型貌似随意却充满创作灵感的民间魅力特征。

瓦猫造型的“美化”从 20 世纪 80 年代开始，当瓦猫被作为工艺品出售时。从那时起，村中捏制者捏制的瓦猫大部分作为工艺品销售到香格里拉、丽江、大理、昆明等旅游目的地。瓦猫这一功能上的转变带来其形制上的改变，主要表现为：其一，造型更加夸张，脱离出虎之母体，只追求局部的特征，比如大嘴、突出的眼睛、粗壮的四肢等；其二，为了方便购买者携带，瓦猫的标准“身高”与“大小”都向着矮小化方向靠近。其三，因瓦猫不放于屋脊之上，为便于放置于家中，瓦猫的底座由筒瓦变为方形泥板；其四，为增加吸引力，瓦猫的身上多出很多刻意制作出来的花纹，区别于以前的铜钱花纹（即虎斑纹）。总之，瓦猫造型的“美化”，一方面是有了学院派艺术的痕迹，另一方面是迎合了更广范围的消费者口味。但是，值得提出的是，作为工艺品的瓦猫与村中放于屋脊的瓦猫很容易分辨，无论是村民还是捏制者本人都把这两类瓦猫视为具有不同功能的器物：传统瓦猫放于“龙口”处，而工艺品性质的瓦猫只能放在家中作为装饰品。瓦猫造型的改变依然是沿着村民固有的分类观念而展开，并没有被取而代之，这样一来，无形中反而衬托出被放于屋脊正中瓦猫的造型及功能，强化了对传统瓦猫的认可。

20 世纪 80 年代中后期，在外来陶土制作工艺人的影响和启迪之下，张云开始捏制纯工艺品性质的瓦猫，即那些能摆放在任何地方的小型瓦猫。当然因为“用”的市场依然存在，他依然制作着中型的传统瓦猫。90 年代，文化复兴之火燃烧正旺，云南的旅游业发展呈上升之态，民族民间工艺品市场的产品在保留传统特点的基础上，开始迎合消费者的口味，突出“原始、野性、怪异”等特点。张师傅开始捏制各种类型的瓦猫，包括以瓦猫为主要造型的烟灰缸、土陶罐等。2000 年后，随着使用者减少，瓦猫工艺品性质一面得到更强的突显，传统中型瓦猫也可作为工艺品销售，常被放于商店、客厅等地作为装饰物。而如张才的媳妇和呈贡捏制者等人均告诉我的，瓦猫其实具有邪气和杀伤力，不能放置于室内，尤其是已开光的瓦猫，更不能放置在客厅、卧室等地。

（三）立于文化系统中的瓦猫

北班榜村的瓦猫大规模制作和使用的原因在于其背后存在着一个集“经济基础、社会结构、意识形态为一体的文化系统”。立足于当地的土地资源及气候条件形成的烧砖制瓦行业，为瓦猫的捏制、烧制提供了原料、技术和场地。伴随着建材业的繁荣，瓦猫与砖瓦作为建筑构件与材料一并销售到异地。更为重要的是深藏于瓦猫之后的观念，即认为其为辟邪之物的观念之存在。再有市场和国家政策的原因，作为器物的瓦猫变身成了工艺品，捏制瓦猫成了瓦猫艺人们的生计之一。

瓦猫艺人不仅是拥有与村民一样文化地图的人，他们还是文化地图符号制作者。他们周旋在砖瓦业、采泥业、运输业、销售业的活动中，还受到外来政治、经济的影响。换句话说，作为瓦猫艺人的捏制者，一方面没有脱离开自己的文化，他们依然生活在他们的文化之中；另一方面他们必须面对外来文化的影响。前者是瓦猫生命力维系的关键。后者导致的结果，似乎让人们有一些担忧，因为有这样的趋势出现：艺人们会为了迎合购买者的口味，捏制好坏不一的瓦猫；某几位艺人认为只要买家出价高，便可以多捩几次泥，使瓦猫细腻化，成为精美工艺品；有几位认为，捏得越怪，什么都不像，便更好卖。他们捏制出与传统瓦猫造型相异的新式瓦猫。这样的变化反映出文化的变迁。

萨林斯指出："每一次实际的变迁都是文化再生产，范畴在实践中，在并接结构中被修正，文化范畴接受了新的功能性价值，为现实所迫，文化意义因此发生了改变，随之而来的范畴之间的关系也发生了变化，结构也就发生了相应的变化。"但是这种结构的改变从某种意义上来看，它不是重新"搭建起新的架子"，而是在原有的文化逻辑结构中进行延展。

参见［美］马歇尔·萨林斯：《历史之岛》，蓝达居、张宏明、黄向春、刘永华译，上海人民出版社，2003年8月，196~197页。

作为工艺品或者说是迎合旅游市场而生产出来的瓦猫，体现出对传统瓦猫制作观念的改变，它不再是人们用于辟邪的物品。但是，这种改变是一种基于传统意义上安放瓦猫的新实践，或是应对外界的"应急反应"，村民的文化结构并没有被"摧毁"，它只是在原有文化结构的基础上"修改出旁枝末节"，其根本在于人们依然是从原来的观念中来认识传统瓦猫之对立物——新式瓦猫，人们依然从原来的那套瓦猫观念来理解作为工艺品的瓦猫——工艺品性质的瓦猫不能安放于屋顶之上。辟邪瓦猫与工艺品瓦猫并存，证明了文化的生命力所在——文化是在生活实践中，在其基本的脉络上不断扩展开来。所谓的逻辑分类范畴并不是先验的，更不是固定不变的，它随着人的认识而不断扩展和深化。需要指出的是，这样良性状态的存在，基于一个大的前提，即存在并运行于文化系统中的逻辑。一种文化的存在有其固有的逻辑，文化逻辑深藏于创造出文化的人类群体的头脑中和行动之中。文化变迁是一个地方文化生命力的表现，是文化逻辑在原有结构上延展而不是“破土重建”，这是对文化保护认识论的出发点。我们要保护的是文化的根或者说是文化的逻辑。

如果说一个微观的文化系统包括了环境和处于环境中的行动者，即文化的创造主体、实践活动本身、实践之对象，而行动者的实践和实践对象之间的互动使实践对象有了象征意义，而人之观念从中又可得到强化及创新。该文化系统的良性运转根本在于各组成部分的完整及各部分之间协调关系的存在。因此，可以说，北班榜村的瓦猫深处在一个由瓦猫艺人、烧制砖瓦/瓦猫的人、运输瓦泥的人及使用瓦猫的村民们；捏制、烧制、搬运、销售、使用瓦猫之行为实践；对空间与时间有序性追求及对天人合一理念的理解和应用之观念，这三大部分组成的文化系统中。因为这样一个文化系统的存在和良性运转使得瓦猫得以大规模地制作和使用。因文化系统缺失，进而带来文化事物消失的事件便出现在小窑村中：烧制瓦猫的场地消失、安放空间与观念缺失、手艺人离世、文化环境不稳定等因素正逐渐肢解着一个文化系统的存在，影响到瓦猫的生存空间。

传统工艺无论制作技艺成分还是成品或是使用方式都无法脱离生活，无法脱离制作者和使用者，没有了手艺人，存在于头脑中的观念无法表证，反过来观念也会很快消失，因为，文化只有在实践中才能得到生成与强化，而工艺制作本身是一个文化实践的过程。再有，离开了使用者，离开了它赖以存在的“文化逻辑”，它也将随之消失殆尽，它或许将成为无丝毫文化意义的“空壳子”，类似于被馆藏或脱离了文化语境的展览物品。因为，“物品必须经过过程和实践才能获得意义和价值”。

[美]麦克尔·霍兹菲尔德著：《什么是人类常识：社会和文化领域中的人类学理论实践》，刘珩、石毅、李昌银译，华夏出版社，2005年10月，第119页。

后记

本书是在笔者硕士论文的基础上经删减修改而成，另加入了昆明龙泉镇小窑村瓦猫制作及纪录片拍摄内容。2010 年 6 月我结束了硕士研究生阶段的学业，之后，学院与某出版社计划将我的硕士论文纳入到“非物质文化遗产田野调查图像”丛书系列，计划出版。于是，2011 年 7 月开始与出版社联系，并修改了两稿。之后因某些原因，此事搁置到 2015 年 6 月，学院与出版社又一次商议出版事宜，至 2016 年 4 月、12 月出版事宜再次敲定。从该论文完成至今已经整整过去了 6 年。6 年里，田野点可能已发生了较大变化，而我自身继续求学之路及生活也发生了意想不到的一系列变化，真只能叹时间之力量。2012 年 1 月份我回到北班榜村，参加某家人的竖房仪式。村中的土路已经部分变成了水泥路，制作瓦猫的人多了几位。北班榜村的瓦猫开始被外界、当地政府、相关文化部门关注，申报非物质文化遗产项目正在进行，于是，北班榜村开始被人称为“瓦猫村”之后，我因忙于博士论文的田野调查与写作，便再没有到过村里，但我依然做着传统手工艺与物质文化的调查研究及思索。

作为中国传统文化组成部分之一的传统手工艺扎根于农耕社会中，随着社会结构的急剧转型，它所遇到的是一个巨大的生命转折期，它的续存问题，它的社会生命引发了持艺者本人、民众及政府的关注，相关学者们投身其中，做相关研究，尤其在当下“非物质文化遗产”申报及保护工程正积极进行时。凡事都具有两面性，好与坏，这么大的工程进度，对于那些即将消失与岌岌可危的文化遗产来说，是一种较好的机遇，但或者也会是某种破坏与改造的开始。我一直在思考着，究竟我们需要保护与延续的是什么？是物质符号载体，是制作者及使用者的精神内核，还是引导制作及使用行为背后的文化语法？想清楚了问题，才能避免与经济、政策并轨发展的某些“短视”。无论怎样，人、社会与文化是一体的，没有了人，社会及文化也就荡然无存。因为“合龙口”之需、建房习俗及信仰还存在，瓦猫依然会屹立在屋脊正中。哥哥张云带着一身的手艺过早离世，弟弟张才被一家陶器制作作坊聘去制作瓦猫，偶尔还是去到他地为人诵经祈福，瓦猫制作依然延续着一丝血脉。

论文完成及书籍出版，首先得感谢北班榜村的热心村民们。感谢

干透待烧的瓦猫生坯

摆放瓦猫的位置

徐正先爷爷及徐秀萍孃孃一家人的无私帮助；感谢部金福、部树生、部广生、徐庆光、张全康、李云林等师傅们的帮助；感谢赵屯村委会副主任部智及老年协会部分成员的帮助；感谢章虹宇学者的帮助；感谢硕士导师金少萍教授的指导；感谢云南省社会科学研究院郭净研究员所提的修改意见及指导；感谢云南大学西南边疆少数民族影视研究所陈学礼老师、李昕老师的指导；感谢云南大学民族研究院的何明教授、李东红教授、李志农教授的帮助；感谢出版社的相关负责人……太多太多的人，原谅在此不能一一写出。总之，没有你们的无私及热心帮助也就没有此论文及书籍的完成与出版。最后，将此书献给我的父母和姐姐，祝你们健康、开心每一天。

当得知论文可以出版时，心情很是激动与喜悦，但同时内心并不轻松，毕竟自己的研究水平和写作能力有限，调查中的安放仪式等也有待更进一步的观察思索。这些都希望得到读者的谅解，同时也希望读者提出批评与修改意见。

2016 年 12 月 11 日

文翠园小屋中

图书在版编目（C I P）数据

北班榜村的瓦猫 / 马佳著. -- 昆明：云南美术出版社, 2018.2
（非物质文化遗产的田野图像）
ISBN 978-7-5489-2665-8

Ⅰ. ①北… Ⅱ. ①马… Ⅲ. ①古建筑 – 瓦 – 装饰雕塑 – 鹤庆县 Ⅳ. ①K879.3

中国版本图书馆CIP数据核字(2017)第000305号

出 版 人：李 维 刘大伟
策 划：古 彤 高 伟
责任编辑：张湘柱 赵 婧
责任校对：于重榕 李江文
装帧设计：高 伟 庞 宇
英文翻译：毕晓红

非物质文化遗产的田野图像
云南大学西南边疆少数民族研究中心◎编
何 明◎主编

北班榜村的瓦猫
马 佳 / 著

出版发行：云南出版集团 云南美术出版社
制版印刷：重庆新金雅迪艺术印刷有限公司
开本：889mm×1194mm 1/16
字数：49 千
印张：7.5
印数：1–2000
版次：2018 年 2 月第 1 版
印次：2018 年 2 月第 1 次印刷
ISBN 978-7-5489-2665-8
定价：98.00 元